小說生活

畢飛宇

張莉

對話錄

目次

成長

經歷

質地

閱讀（一）

閱讀（二）

寫作歷史

成長

1 屁股決定腦袋

張　莉：在設想中，我們做的這個對話錄首先是關於作家個人成長的口述史，當然還有他文學世界的生成史、他小說作品的成長史。我們第一部分就先談作為一個人的成長吧。童年經歷對一個作家特別重要。我們先談一下你小時候性格的形成，生活環境。

畢飛宇：說起性格就不能不談父母，這是很現實的一個事情。我的父親有點特殊，身世很迷離，他至今都不知道他是從哪裡來的，究竟姓什麼也不知道，很年輕的時候又受到了政治上的打擊，這樣的人你不能指望他柔和，他幾乎就不說話。父親是家裡的壓力，所以我很少在家裡。除了輔導我學習，我們之間真正的對話並不多。我們可以很好地交流已經是我做了父親之後的事了。我的父親對我很放任，除了學習，別的就什麼都不管了。他做事情很知識分子氣，其實就是書呆子氣，很笑人的，有一次，我做了出格的事，打了人，他讓我寫了一份檢查，站到人家的家門口去朗誦，還貼在人家的家門口，這件事給我極其深刻的記憶。父親大概就是這樣的一個人。我的母親是一個標準的鄉村教師，師範學校畢業的，在那個時代的鄉村，屬於「高級知識分子」了，師範學校的學科很雜，但主要是音樂、體育、美術，什麼都學，什麼都會那麼一點點，什麼也不太好。她能說會道，能唱能跳。我母親很漂亮，性格外向，很活潑，還會打籃球，這在鄉村女性中間是很罕見的。如果不是因為她的出身，我估計她是不會嫁給我父親的。對我們這個家來說，母親是重要的，如果沒有我的母親，我的父親能不能活到「文革」結束都是一個問題。我的父親和我都很感謝我的母親。

張　莉：你覺得自己像父親還是像母親？

畢飛宇：我一直覺得我和我的父母都有點像，有些分裂。你很難說我像父親或者說我像母親。不過，我熱愛運動一定是從母親那裡遺傳過來的，從會走路到現在，我沒有離開過運動。這麼說吧，在人堆裡頭，我有點像母親，到了獨處的時候，我父親的那一面就出來了，在工作的時候，我可以很長時間不說話，好幾天不說話都是很正常的，一個人，悶在那裡，好像和誰鬧彆扭了，其實，和誰都沒有彆扭，我就這樣。

張　莉：你父親好像對理科或者天文什麼很感興趣？

畢飛宇：他不是真的對那些感興趣，他被打成右派以後，他自己也會總結，他之所以這麼倒楣，一是因為寫，二是因為說，又寫又說，出問題了嘛，他就是因言獲罪的。等他到鄉下，他既不敢寫，也不敢說，沒事幹了，他對數學、物理的興趣是這麼來的。

張　莉：你就在父母下放的地方出生的？

畢飛宇：我們家不是下放的，是父親出了嚴重問題，送到鄉下去的。我就在鄉下出生了，一生下來環境就很好，農民哪有那麼複雜？不管政治的。我的母親是教師，你幫著人家的孩子識字、識數，人家就對你好，這是很簡單的事，鄉下人的邏輯就是這樣簡單。在村子裡，我的父母很受尊敬，他們把對我父母的尊敬轉移到我的身上來了，他們對我格外寬容。孩子其實很勢利，他能感覺得到。因為這個寬容，我也養成了一些壞毛病，身上有驕橫的東西。孩子其實很勢利，不是他膽子大，是因為他知道，你做了什麼都不會有嚴重的後果。

張　莉：犯了錯沒有懲罰。

畢飛宇：沒有的，一般的事情人家也不告狀，在外面打架了，一看陳老師家的兒子，算了。在鄉下，大多數鄉親不是看在我父親的臉面上，而是我母親。我母親的人緣極好，我犯錯了，人家哪裡好意思到「陳老師」那裡去告狀。

張　莉：你小時候做過什麼特別出格的事，或者特別驕橫的事？

畢飛宇：過了十歲之後，我的情況開始不妙，越來越過分，時常有人來告狀。

張　莉：比如拿彈弓把人打了？

畢飛宇：主要是打人家的母雞。我的彈弓主要是打鳥的，可是，鳥太小，不過癮，後來就打雞。雞可是農民的命根子，人家靠雞蛋生活呢。我做得最出格的一件事還不是打母雞，是打玻璃，我們學校的玻璃都是被我打碎的，用彈弓打玻璃是一件十分刺激的事，很恐怖，主要是玻璃的破碎聲很恐怖。回過頭來說，人在少年時代是有犯罪心理的，就喜歡做自己不敢做的事情。那時候我就喜歡聽玻璃被擊碎的聲音。我寫過一個短篇小說，〈白夜〉，我寫了一個壞孩子，用彈弓把一個學校的所有玻璃都打了，那個其實是我自己幹的。我的父母哪裡能想到是我呢，夜裡頭我躺在床上，聽他們在嘆氣，我非常緊張，怕，但是也得意。

張　莉：你這樣說，我想起《平原》，那裡的很多鄉間兒童生活應該就是親身經歷。也就是些孩子做的壞事。

畢飛宇：從什麼時候開始做大壞事的呢？就是村子裡有了知青之後，開始幹大壞事了。

張　莉：什麼算大壞事，那時多大？

畢飛宇：十多歲吧，反正有知青了，我們一起偷東西。

張　莉：偷雞，還是偷錢？

畢飛宇：不是雞，也不是錢，是吃的東西。我一般不是主犯，主要是跟著。

張　莉：那知青也就是二十來歲。

畢飛宇：我不大記得了，在視覺上，他們都是大人。你也知道，我是教師家庭出來的，道德觀比較強，我第一次偷東西的時候非常害怕，得手之後幾乎就是狂奔。可是，知青偷了東西之後特別鎮定，嚴格地說，不像偷，更像拿，腳步很慢，一點都不慌。這個給了我極深的印象，我很崇拜他們。

張　莉：為什麼知青們偷了東西沒人找，村裡人為什麼不去找？

畢飛宇：怎麼找？知青偷了東西之後當晚就吃了，你找誰去？只有不點名地罵，心照不宣罷了，一般來說，我的工作是放哨，都是從電影上學的。回過頭來想想，知青選擇我放哨是對的，我是教師的孩子嘛，形象很好，也就是所謂的好學生，懷疑誰也懷疑不到我的頭上來。我就站在不遠的地方，貼在一棵樹上，手裡拿一個小磚頭，一旦有情況，扔出去。有了動靜，一線的作案人員就不動了，就那樣站在夜色裡頭，誰也看不見。開一個玩笑，我和知青的關係就是漢奸和鬼子的關係。

話說到這裡我特別想說電影或者藝術，我們看到的電影都是宣傳「好人好事」的，可是，幫助我們成長的，卻是那些壞人和壞事。這很有意思。——藝術到底拓寬了善還是拓寬了惡，這是一個值得研究的話題。

張　莉：兩種拓寬肯定都存在。我對知青的理解大部分來自「知青文學」。現在想想，大部分也都是由知青寫的。你剛才說的這個知青生活和我們在文本所讀到的知青生活有差距。

畢飛宇：這個問題非常重要，所有的「知青文學」都是知青寫的，這是一個問題。我的《平原》為什麼一定要寫知青，原因也在這裡。對我個人來說，知青是重要的，他們在我的精神史上起到過特別重要的作用，但是，知青文學不該只有一個作者，還有一個作者是不能缺席的，那就是土生土長的村子裡的人。

張　莉：知青總是強調自己的苦難經歷。

畢飛宇：「知青文學」面對的其實是兩樣東西，一、反思文革；二、大地書寫。同樣是這兩個問題，村子裡的人和他們真的有區別。知青貢獻了一個側面，我只是想說，另一個側面不該忽略。我覺得有一件事「知青文學」做得不夠，那就是他們和農民的關係。知青和農民是有交叉點的，文化補充、利益分配、性。

張　莉：〈小芳〉那首歌，「村裡有個姑娘叫小芳」，是知青回城後寫的，現在看那裡面的情感比較複雜，是不是騙了人家姑娘就回城了，然後一去不回杳無音信？沒有人知道。一旦故事變成了歌曲，就浪漫化了，反而遮蔽了其中的殘酷。

畢飛宇：是，這裡頭必然存在一個立場問題。是此岸還是彼岸，是樹上還是樹下。

張　莉：樹上還是樹下是什麼意思？

畢飛宇：在春天，一些動物會發瘋，狗、豬、牛都有可能發瘋，發了瘋的牛是極可怕的。萬一管理不善，這些發了瘋的牛就會跑出來。瘋牛過來了，會爬樹的人會爬到樹上去，站在樹上看，那些不會爬樹的呢，只能在大地上跑。一旦你在樹上，你也會害怕，但是，這害怕和沒有上樹是不一樣的。在我看來，在許多問題上，知青是樹上的人，而真正的農民一直在樹下。這是完全不一樣的。

張　莉：閻連科有篇文章，叫〈我的那年代〉，他說中國文壇轟然興起的「知青文學」，把「下鄉」視為下獄。把一切苦難，大多都直接、簡單地歸為某塊土地和那土地上的一些愚昧。」這讓一直就是一個農民的他很不理解，「可在知青下鄉之前，包括其間，那些土地上的人們，他們的生活、生存，他們數千年的命運，那又算不算是一種災難？」這個問題問得，饒是尖銳。農民出身決定了他對知青和知青文學的看法很不一樣。看起來都寫農村，但內在很不一樣。

畢飛宇：說起來很簡單，屁股決定腦袋，但是書寫的時候，這個細微的區別是巨大的。

2 真實的邊界

張　莉：直覺告訴我，你童年的閱讀經驗很重要。

畢飛宇：童年我已經讀了一些長篇，記憶深的一個是《劍》，是抗美援朝的軍事題材，當時覺得好得不得了，後來讀中文系，大學課本上也沒見到介紹，我很奇怪。《高玉寶》、《歐陽海之歌》當然讀過。還有一本書更不能不提，那就是《閃閃的紅星》。這本書的影響巨大，因為電影。雖然那時候還很小，但是，我要說，小說更吸引我，我記得小說似乎是第一人稱的，在潘冬子的母親死後，小說裡頭一直纏繞著傷感的情緒。那時候還不懂什麼叫「傷感」，但是，看得「難過」，這個感覺有。因為「難過」，那就放不下了。我至今還記得閱讀《閃閃的紅星》的場景，放寒假了，整個學校全空了，就在一所空校園裡，我挑了一間空教室，一個人在裡頭讀書。後來我的母親叫我回家吃飯，我明明聽見了，卻不理她，她站在操場上大叫我的名字，我就站在窗戶的旁邊，很有樂趣。

張　莉：屬於少年的樂趣。《閃閃的紅星》我看的是電影，看得很開心。

畢飛宇：對了，我想告訴你，我從小很害怕寒暑假，因為我的家在學校裡，一到寒暑假，全空了，所有的教室都是空的，全是桌椅，門窗上貼著封條，感覺很不對的，它讓我有一種說不出的孤獨感，天天盼著開學。誰不害怕孤獨呢？尤其在童年和少年的時代。因為寒暑假，我的童年和少年非常孤獨，不知道如何才能打發時間。我的同班同學有很繁重的勞動，他們哪裡有時間和我玩呢。

張　莉：你那時候很感性——比如《青春之歌》，或者「三紅一創」那樣的小說，你看過嗎？

畢飛宇：沒有。在十歲之前，我不可能讀這樣的書。小男孩子讀書有標準的，那就是打仗，有英雄，和看電影一樣。孩子讀書有孩子的經驗，先看插圖，如果插圖裡有戰爭的場面，那就是好書，如果插圖是一個老人在油燈底下讀《毛選》，這樣的書就不看了。像《創業史》這種不打仗的書我是不可能看的。

張　莉：有沒有原因是你父親不讓你讀？

畢飛宇：在我的記憶裡，我的父親幾乎不讀當代文學作品。關於他的閱讀，我唯一的記憶是古典詩歌。但是講老實話，這也不是吹噓自己的早慧早覺，真正對我內心起作用的還是唐詩。

張　莉：唐詩是父母讓你背的？

畢飛宇：不是，當時家裡沒有一本唐詩宋詞的書。可父親畢竟是讀過私塾的人，底子很好的，夜裡頭，他喜歡默寫他讀過的詩。對了，葉兆言也是這樣的，只要一開會，他就在那裡寫，不知道的人以為他在做筆記，其實他是在默寫唐詩。父親有一本手寫本，全是他手寫的。我並不知道那些就叫「唐詩」，我在「小崔說事」裡和崔永元聊過，我父親的字寫得極漂亮，我那時候還小，也不知道「漂亮」的標準是怎麼建立起來的，但是，我第一次看到父親的字就知道了，他的字是漂亮的。在我五歲的那一年，父親用紅墨水的鋼筆給我寫了字帖，我就描。到了初中畢業那個階段，我的手寫體幾乎和我父親的一模一樣，後來到縣城去讀書，我的老師看到這個鄉下孩子的字那麼漂亮，就在全班傳閱，我可得意了。有一次，這個老師拉肚子，上廁所的時候忘了帶擦屁股的紙，就讓學生去替他拿，沒有一個學生願意幫他，他就被困在廁所了，後來還是我送過去的，就因為他多次在全班表揚我。我的字是後來寫小說寫壞掉的，越寫越爛，爛到自己都不認識的地步。那時候我的女朋友幫我謄寫手稿，她認識，我反而不認識。

張　莉：哈哈，這個去廁所給老師送紙的事情……你的字也不能說壞掉吧，還是很不錯的。

畢飛宇：這也不是什麼大事，就不說它了吧。因為父親的字好，沒事的時候，我就把他的手抄本拿過來，一看就是好長時間。慢慢地，我對唐詩有了一些認識。這些認識和大學的課堂沒法比，但是，我個人認為，這些認識比大學的課堂還重要。老師的講解太正確了，沒有誤解，也沒有心照不宣，更沒有自然而然的韻律，我說的是唐詩的語感與節奏，許多東西，如果你在童年或少年時代當作玩具玩過，它就會成為你的肌膚。我不太贊成早期教育，那個是沒用的，但是，我相信早期的陪伴，還有玩耍，在你的童年，只要是陪伴過你的，或者說，你當玩具玩過的，那你就很難擺脫它的影響。應當說，我對語言美感的建立是比較早的。

張　莉：「小崔說事」裡，你關於「接天蓮葉無窮碧，映日荷花別樣紅」的分析很有趣。我記得你有過一個文章，寫你對周扒皮故事的理解。讀那個東西的時候，我想到，你的這種質疑肯定來自於你的童年閱讀經驗，這個故事給你的刺激太深，使你成年後不斷回想，發現破綻，不斷要指出它的問題。

畢飛宇：高玉寶的這個事情給我記憶太深刻。

張　莉：問題是，你什麼時候覺得這個故事邏輯不通的？

畢飛宇：謝謝你問這個問題。有一次，我父親輔導我寫作文，我不記得是三年級還是四年級了，他讓我把一首詩改寫成一篇記敘文，是地主欺壓小孩子的故事。我還記得，什麼「大雪紛飛」、「寒風呼嘯」這些詞都用上了，這些詞在一個鄉下孩子的那邊已經是很高級的詞了。我寫道，孩子的身上「一件衣服都沒有」。我父親說，怎麼可能「一件衣服都沒有」呢，我就說，地主剝削農民，農民很窮，哪裡有錢買衣服呢？父親說，再怎麼樣也不能「一件衣服都沒有」，孩子會凍死的。我嘴上不敢說，心裡頭很不服氣。我父親修改作文的時候極其霸道，作為一個語文老師，他的上衣口袋裡永遠有一枝紅墨水的鋼筆，他紅色的筆跡不停地在我的作業本上劃拉，其實就是刪。一篇作文幾乎都被他劃光了，全刪了，連「寒風呼嘯」、「大雪紛飛」都刪了。我非常生氣，都想咬他。

張　莉：但是，這樣的刪掉多棒啊，逼迫一個孩子面對事實。

畢飛宇：長大以後，我已經是一個職業作家了，我依然會經常碰到這樣的問題，我的工作就是虛構，但是，有一個東西我必須面對，那就是基本事實。這個基本的事實可以分兩頭來說：一個是現實的基本真實；一個是邏輯上的基本真實。就虛構而言，邏輯的基本真實是可以突破現實的基本真實的，但是，依然有它的邊界。

張　莉：邊界這個說法好。

畢飛宇：什麼是「真」，這是一個哲學範疇裡頭的事情，但是，作為一個小說家，你永遠也不能回避這個問題。從更大的範圍裡頭來說，「真」的問題是一個認識論的問題，和哲學家不同，對於我們這些寫作的人來說，「真」的問題又是一個實踐的問題。有一點我想補充一下，我們中國人在對待「真」這個問題上其實是特殊的，西方人注重客體，也就是「真」本身，而中國人呢？強調的是主觀感受，最終成了一個抒情性的東西。在這個問題上，東西方文化是有差異的。漢語其實是一種偏於抒情的語言，而不是邏輯。

張　莉：小說家要講邏輯——我記得你也說過你小時候看「傷痕文學」的經驗，你對那些創作有疑問。我想了一下，你當時大概應該是在十四、五歲左右。

畢飛宇：我開始讀「傷痕文學」是一九七九年，十五歲。這個不會錯，我是一九七八年進縣城的，我可以跑縣圖書館了。

張　莉：「傷痕文學」也算你少年閱讀的啟蒙吧。後來你反覆說讀「傷痕文學」的經驗，我發現你寫東西都有個特點。你會不斷地跟你最初遇到的那個作品鬥爭，反芻，回顧，反省。

畢飛宇：先對你說點別的，我在十四歲的那一年自己覺得是個成人了，這一年我離開了父母，一個人來到了縣城，住在一個遠房親戚的家裡。我學會調整自己就是在這個時候。無論如何，這不是你的家，無論親戚對你多好。在我看來，多大歲數不重要，一旦你離開了父母，你就自然是大人了，你說話的口氣都會不一樣，人人都會誇你，說你長大了，這裡的代價只有自己知道。因為有這樣的經歷，在孩子十八歲之前，我不會讓我的孩子離開我的，不管他會喪失怎樣的機遇。我要保證我的孩子在他爸爸面前生活到十八歲。

張　莉：當然，父母對孩子最重要的是陪伴，陪伴他長大。

畢飛宇：說到「傷痕文學」，我要告訴你的是，進城之後，我讓父親為我辦到了一張圖書館的讀書證，這個是很關鍵的。一有空我就去圖書館的期刊室。我閱讀王蒙、叢維熙這一代右派作家作品就是在這樣的時候，因為父親是右派，我對這些作家有親近感。

張　莉：印象比較深的小說很多嗎？

畢飛宇：太多太多了，一時也想不起來，〈大牆下的紅玉蘭〉、〈我應該怎麼辦？〉、〈天雲山傳奇〉、〈窗口〉，這些作品印象很深。慢慢地，也發現問題了。那時候許多小說都有一個共同的特點，在五分之四的時候，或者說，六分之五的時候，「英明領袖華主席一舉粉碎了『四人幫』」，然後，一切都好了。這也不能算是多大的問題，可是，讀得多了，我自然有疑問，為什麼總是這樣呢？任何東西重複到一定的量就可笑了。十四、五歲的孩子都是自作聰明的，當時我想，我要來寫，會變一變的。差不多就在這個時候，我已經開始寫小說了。我要感謝王蒙，他那個時候有一本書，叫《當你拿起筆》，我讀過許多遍，這本書可以看作我的第一本「寫作指南」。對我來說，王蒙還有一個重大的意義，在新時期，他引進西方的小說修辭是最早的，他那個時候也很有爭議。在今天，許多人在談起先鋒小說的時候很容易疏忽王蒙，這個是不對的，沒有王蒙，就沒有後來的先鋒小說。在我讀高中的時候，王蒙開始「意識流」，我第一次看到「意識流」這三個字的時候有點懵，在上個世紀八〇年代初期，對一個鄉村孩子來說，要理解「意識流」的確有點困難，但是，不理解也無所謂，我就模仿，那模仿不是自覺的，舉一個例子，王蒙在〈夜的眼〉寫道，咣噹一聲，夜黑了。這樣的敘述很吸引我，可是，當我把類似的句子用到作文裡的時候，我的語文老師就不滿意。可我在心裡是不服的，還驕傲，覺得他們老土，用今天的話來說，他們 out 了。年輕人都有這樣的階段，突然覺得自己的老師「跟不上」自己了，內心狂傲得不行，可是，外人一點也看不出來。都是孩子的心思。

張　莉：王蒙其實在很長一段時間的文學史裡是走在前面的，他的作品和思考具有前沿性，他其實是嗅覺極靈敏的作家。我知道你不是第一年就考上大學的，你爸爸對你很失望。高中的時候已經開始投稿了嗎？

畢飛宇：我第一次投稿是一九七九年。十五歲。

張　莉：哪個雜誌？

畢飛宇：肯定有《人民日報》，那個時候《人民日報》的副刊發表短篇。王蒙的〈說客盈門〉就是在那裡發表的。我也給《小說選刊》投過稿。那時候我有一個小本子，上面全是刊物的地址，是我在縣圖書館的期刊室裡抄寫下來的。

張　莉：問題是《小說選刊》不發原創啊。

畢飛宇：當時不知道啊，那個時候怎麼可能懂這個。

張　莉：都是什麼小說？故事情節記得嗎？

畢飛宇：主要是模仿「傷痕文學」和早期的改革文學。學「傷痕文學」我就把自己弄得很淒苦，學「改革文學」我就把自己弄得很激憤。我第一次讀蔣子龍的時候就被他迷住了，他的文字不是哭哭啼啼的，他的語言男人氣重，氣場大。突然讀到蔣子龍，我特別高興。蔣子龍對我很有意義，那時候，小說人物的性格大多是雷同的，可是，喬光樸這個廠長很不一樣，作為一個中學生，我讀完了〈喬廠長上任記〉就不停地給同學講，可是，沒有人對我的話感興趣。另外，蔣子龍的北方語言也吸引我，工廠叫「廠子」，二氧化碳叫「碳氣」，這些都是我不敢想像的。

張　莉：當時鐵凝有一個〈沒有鈕扣的紅襯衫〉，安然，也是個有性格的人。你知道我是河北保定人，她是我們那兒的驕傲，所以，雖然那時候我小，但她的新作家裡人也都讀的。

畢飛宇：那時候我還沒注意鐵凝，對我來講，一個孩子，是不可能知道「生活」的，也不可能對「生活」感興趣。作為那個時代的中學生，我感興趣的只能是「山河人民」，只有和「國家」有關的主題才引起我的注意。現在回過頭來想，鐵凝那個時候寫〈沒有鈕扣的紅襯衫〉是匪夷所思的。

張　莉：那時候你也算有你的文學趣味了吧。比如你開始認為只有「山河人民」那樣的小說才是好小說。

畢飛宇：是的，必須是「山河人民」的。我們這一代人都是這樣，在我們使用語言的時候，它的立意必須是「從小到大」的，要不然就沒有意義。我在中學階段的每一篇作文都是這樣的，和其他同學唯一不同的是，我那個時候已經開始仿寫王蒙和蔣子龍了。

張　莉：然後老師給什麼成績？

畢飛宇：我模仿王蒙老師沒有發現，但是，模仿蔣子龍卻被老師看出來了。我覺得自己很厲害，可是作文本發下來，老師給了我一個評語：模仿的痕跡太重。——原來他也在讀蔣子龍。我非常羞愧，整整一堂課都抬不起頭來，這件事我到死也忘不了。多年之前，我第一次見到了蔣子龍，本能就是想躲，不好意思，後來一想，嗨，他又不知道，為什麼要不好意思呢。

張　莉：哈哈，語文老師喜歡你嗎？

畢飛宇：語文老師對我都很好。在同學裡頭，我的詞彙量算大的，老是喜歡用冷僻的字去嚇唬人。對了，還喜歡引用格言。那時候，我的所謂的求知，就是到處去抄錄格言。

張　莉：你複讀那年一直想考中文系嗎。

畢飛宇：我複讀不只一年，考兩年。

張　莉：兩年，是因為數學不好？

畢飛宇：這個說起來有點複雜。數學肯定不好，最主要的原因還不在這裡，主要是和父親的矛盾，關係越來越僵。你不是希望我數理化好嗎？那麼，來吧，我就不好好學。我在數學上肯定沒有天分，但是，如果用功，對付考試一定沒有問題。那時候，我是自暴自棄的，反叛嘛。

張　莉：是叛逆期。

畢飛宇：一個人的長大和吃虧都是從反叛開始的。另外，我在初中階段的數學基礎也有問題，在初中階段，因為缺少師資，我的數學老師是食堂的會計。

張　莉：什麼意思，是會計的工作使他沒有足夠時間教你們嗎？

畢飛宇：他有時間教我們，但是問題是什麼呢，那個老師我至今很尊敬，也是一個非常好的人，但是有一個致命的問題，孩子都是很勢利的，那時候，我們知道老師是食堂的會計，就欺負他，誰聽講誰可恥，要被孤立的。真正進入高考階段，我的數學到處都是問題，——因式分解是問題，函數是問題，到了解析幾何，我基本就完蛋了。我很少做噩夢，只要是噩夢，一定和考數學有關，主要是解析幾何，十八分的題目啊，要不就是二十分，這個噩夢纏繞了我很久。在我工作之後，為了避免噩夢，我特地把高中數學撿起來，再學，我想把它學好了，可是，沒用，要麼是油印的卷面不清晰，要麼是破的，夢都是折磨自己的，它是魔障，道高一尺，魔高一丈。

張　莉：這經歷我也有，拿到數學卷子不會做，或者看不清題之類，噩夢總與考試有關。

畢飛宇：很慘。

張　莉：高考制度的產物。

3 用哲學思索這個世界

張　莉：你是一九八三年考到揚州師範學院？

畢飛宇：一九八三年。我是九月十五號報到的，那是一個陰雨天。

張　莉：十九歲。揚州師範學院對你來說是特別重要。

畢飛宇：要分兩頭說。我拿到通知書的時候是在小巷子裡，就我一個人，極度失望。揚州不夠遠。年輕人就是這樣，希望遠一點。雖然我的普通話很不好，可是，一九八三年九月十五號之後，就再也沒有使用過興化方言。放寒假的時候，大家都回家了，同學們又開始說方言了，可我堅持不說，為此，差一點被我的同學群毆。他們不喜歡我這樣，可我絕不退讓。他們就說我「甩」。最可怕的還是在家裡，我對我的父母也用普通話，在他們和我對話的時候，他們幾乎都不會說話了，很陌生，兩邊的語言對不上，即使到了這樣的地步，我也沒有退讓。不說方言可以保證我「在遠方」了。——這重要嗎？我也不知道，可是，在那個時候，我就是這樣的。

張　莉：這太奇怪了吧？問題是你說普通話的經驗從什麼時候開始的，按理應該是到大學那個環境後才說普通話的吧？

畢飛宇：哪裡有經驗，都是瞎說，那時候也不像現在，中學裡頭不要求教師說普通話的。我只有一個標準，只要不是我原來的方言就是普通話。

張　莉：這有點洗心革面，告別舊我的意思。

畢飛宇：也不是，也沒那麼嚴重，我就是希望自己「在遠方」，一九八三年九月十五號之後，在說話的時候，我再也沒有使用過興化的方言。

張　莉：我覺得這事兒太匪夷所思了。因為我知道，男生說普通話、改變家鄉話是特別漫長和艱難的過程，一般來講，女孩子進大學後很快就變了，但男生很難。你是個案，我能理解你身邊人的反應，這個改變對他們來說一定太怪異太彆扭了。

畢飛宇：我能把普通話說得稍稍有點樣子已經是一九八八年了，這是我當了教師之後的第二年，因為那一年我開始教漢語，這是我自己要求的。教導主任聽說我要教漢語，表情很怪異，為什麼呢？教漢語就必須教語音，要示範的。我是怎麼教的呢？在課堂上，我不用教學磁帶，我讓北京的、河北的、哈爾濱的學生做示範，說是教，其實是學。雖然舌頭不行，耳朵還是練出來了。

張　莉：那時候也有北京的學生？

畢飛宇：有，每個班都有幾個。

張　莉：揚州師範學院在當時應該不算全國很好的大學吧？

畢飛宇：我這裡所說的學校指的是我工作之後的學校，南京特殊師範學校。至於揚師院的中文系，我想這麼說，揚師院肯定不能說是一所多好的學校，但是，中文系真的好，最起碼不差。

張　莉：可這個學校在我印象中真的是很了不得，有王小盾、汪暉、葛兆光等傑出校友。

畢飛宇：是的，其實這一切也不是沒有原因的，「文革」之中，蘇北逗留了一批高校老師，大部分都是政治原因，他們發配到這裡來了。「文革」結束之後，揚師院把他們挖了過來。任仲敏教授是這麼來的，曾華鵬教授也是這麼來的。你想啊，在我讀本科的時候，也就是八〇年代前期，我們揚師院都有博士點了，這是很不容易的。任老可是泰斗級的人物，脾氣很大，手裡有棍子，在路上看到學生的不良習慣，打人的，是真的打，不和你鬧著玩。曾老師給我們上過課，德高望重。

張　莉：那可能是揚師最好的時候。

畢飛宇：可以這麼說，在上個世紀的八〇年代，揚師院的中文系是它的高峰期。

張　莉：那時候汪暉老師還在那兒讀書嗎？

畢飛宇：那時候他已經畢業去北京了，他的母親教我們英國文學。不過，葛兆光在。

張　莉：他當時不是學生吧？

畢飛宇：不是不是，他在歷史系任教了。沒課的時候，我遠遠地在教室的外面望著他，我很崇敬他。

張　莉：我在清華讀研時，當時葛老師也在社會學系，我選過他一門課。

畢飛宇：真的嗎？我其實並不了解他，只是讀過他的論文。葛兆光的上午第四節課很有特點，為了讓學生早一點吃午飯，他往往要提早十五分鐘下課。校長找他，他說：「我的課我說了算。」是不是真的也不知道，反正大學就是這樣，學生喜歡誰，就會有誰的傳說。

張　莉：那時候葛老師很年輕吧？

畢飛宇：很年輕。不過，在我的眼裡，再年輕他也是大人物。

張　莉：曾華鵬先生是你的老師？

畢飛宇：曾華鵬真是父親一樣的人，他是我一生的老師。

張　莉：我看到你和他的一個合照，非常拘謹。

畢飛宇：是的，對曾老師我很恭敬，在他面前我從不放肆，我很拘謹。

張　莉：他教你們現代文學？

畢飛宇：是的，嚴格地說，是給我們講專題，就是魯迅。我對曾老師這樣尊敬是有原因的，在我二十歲左右的時候，曾老師給我送來了五四的精神和啟蒙的意義，我是一個寫小說的，曾老師對我的意義有多大，不需要說了。我想說，權威是重要的，精英也是重要的，可以設想一下，如果當年講授魯迅的不是曾老師，而是曾老師留下來的一個研究生，也許他們的講稿沒有太大區別，但是，效果一定有區別。人文學科就是這樣，學問重要，教授的人格魅力一樣重要，學生的態度會很不一樣。

張　莉：想起來，你說過，你上大學時也讀王富仁先生。

畢飛宇：當然，像我這樣的中文本科生怎麼能錯過王富仁呢，他是一個思路寬闊的學者，他很少是從文學到文學。他是獨特的。

張　莉：這個評價很準確。他跟我們聊天時也是這樣的。他也說文學，但總是還會從文學蕩開去，歷史、現實、當下，非常開闊，非常有激情，四、五個小時地聊天，真的是，從這樣的聊天裡，能深刻體會到那一代知識分子身上深厚的人文情懷，他們是有情懷的一代人。

畢飛宇：這麼一說就要回到八〇年代了，那時候，在學術上，很少跨界。王富仁給我的閱讀記憶就是跨界了，很厲害。當然了，讓我來談論王富仁有些不恭了，那時候我就是一個普通的本科生，能懂多少？很有限的。我第一次知道你是王富仁學生的時候，我很高興，雖然我至今都沒有見過王富仁，但是，能和他的弟子聊聊，也很好了。我很羨慕你，能有這樣一位開闊的老師。

張　莉：謝謝你這麼說。我很榮幸能跟隨他學習。作為他的學生，我也的確很想知道當年人們對他的認識和印象。

畢飛宇：我第一次見到王富仁這個名字，印象很不好，覺得他是一土地主，就是把喜兒變成白毛女的那個人。你也知道的，我們小時候讀的書，壞人差不多都是這樣的名字。

張　莉：他還真因為這個名字被批鬥過，因為又「富」又「仁」嘛。

畢飛宇：真的嗎？這太戲劇性了。

張　莉：你在揚州師院的時候，認識吳義勤館長嗎？

畢飛宇：他是師弟嘛，八四級的。他一直都是一個好學生，屬認真刻苦、踏踏實實讀書的那一類。

張　莉：揚州師院的重要性對你是一生的。

畢飛宇：揚州師範學院對我來講最重要的是兩件事情。因為在校的學習是系統的，這個系統幫助我建立了一個粗略的坐標系，有了一個文化史、文學史、哲學史和美學史的大框架，你對本科教育也不能抱有太大的希望，能把這個坐標系粗略地建立起來，可以了。再怎麼說，這個坐標系是重要的，無論面對什麼，你可以用這個坐標加以比較。第二個事情就是開始了詩歌的創作，我在中學階段主要是讀小說，到了大學，那個時候很有趣，大家都寫詩。事實上，在我的大學四年裡頭，我沒怎麼讀中國當代文學的作品。

張　莉：當時你寫完詩歌在哪兒發表？

畢飛宇：主要是自己的刊物，那時候我主編了一本校園詩刊，搞得熱火朝天的。

張　莉：校刊在當時的大學都很活躍。你是文學社長？

畢飛宇：我是。我剛剛進校，學校就搞詩社了，主要是我們中文系的幾個學長，其實我是跟在他們後頭混的，可是，高年級的同學很有氣度，他們看了我的詩，說，詩社要想長久，最好讓低年級的學生來做社長，他們就選了我。我去找院長（校長），申請經費，院長也同意了，這樣刊物也就辦起來了。那時候的風氣和現在區別很大，每個年輕人都覺得自己是要幹大事的樣子，學校的行政風氣也健康。我估計現在的學生要見到院長都不是一件容易的事。

張　莉：也是。大一的學生就當社長，不簡單。

畢飛宇：那時候很有意思的，我一個屁孩，約高年級的師兄、師姊談話，約稿，請他們修改稿件，挺有意思的。那個刊物叫《流螢》，為什麼要起這麼一個名字呢？那時候我的手上正好有泰戈爾的《流螢集》，我就把刊物命名為《流螢》了。聽說這個刊物現在還在呢。

張　莉：還能記得你寫的詩嗎？

畢飛宇：記不得了。記得我也不告訴你，很醜。

張　莉：後來有沒公開發表？

畢飛宇：發表過，很少。那時的編輯幾乎沒人搭理我，我就一天到晚到處投稿。折騰到大三，我差不多不再寫詩了，原因很簡單，新生來了，商業經濟管理系有幾個小師弟太有才了，他們把他們的詩作拿到我的面前，我一看，他們比我寫得好多了，從此，詩社的主人就是他們了。

張　莉：當時是什麼契機讓你開始寫詩的？

畢飛宇：主要是氛圍，那個時代的詩歌氛圍太濃郁了，每個人都在談論詩歌，我估計盛唐也不過就是這樣，我覺得比盛唐還要厲害，盛唐寫詩可以做官，我們那個時候寫詩完全是出於熱愛。一進中文系，想寫詩歌的欲望自然而然就起來了，對，沒有契機，一切都是自然而然的。那時候到處都是大學生詩社，最著名的大概要數華東師範大學的「夏雨詩社」和西南師範大學的「非非」了，雖然沒有得到主流社會的認可，但是，我至今認為，「夏雨」和「非非」誕生了許多傑出的詩人，許多名字我都不清晰了，有把握的是華東師大的張小波，他的詩歌超出了我們那個時代。

張　莉：上大學的時候，你也在讀小說吧？

畢飛宇：這個時候讀小說主要是讀西方小說了，我們中文系的學生有一個特點，讀小說其實是家庭作業，老師布置的，你必須讀，讀不過來，老師就組織我們看資料電影，就是那些由世界名著改編的電影。到了大三，我不寫詩了，慢慢地想研究詩歌，這樣一來就開始接觸美學，沒多久，就拐到哲學上去了。我的閱讀拐到哲學上還要歸功於詩歌評論，詩歌評論裡有許多小圈圈，也就是注釋。

張　莉：哪些詩歌評論，比如……？

畢飛宇：最著名的就是「三個崛起」，圍繞著「三個崛起」，產生了許多詩歌上的話題。

張　莉：謝冕、孫紹振、徐敬亞。

畢飛宇：對呀。和謝冕、孫紹振比較起來，徐敬亞的評論氣場更大，轟隆隆的，很適合年輕人的口味，是觀念大於論證的。對於那個時代來說，尤其是對於我那個年紀的大學生來說，觀念比論證重要，徐敬亞的文章讓我無法入睡，我一下子就喜歡上了。我喜歡讀這些也有背景，我高中階段就訂閱《文學評論》了，我估計全中國沒有幾個中學生會訂閱這個。我訂《文學評論》也有原因，有一天，大概是高二，我在看一部小說，父親拿過去，翻了翻，說，寫序的人比寫小說的人有水平。這句話嚇了我一跳，我就記住了，寫評論的人是「有水平」的。這句話我到現在都同意，許多時候，出版社給我寄過來一本書，小說真不怎麼樣，可是，序言寫得十分漂亮。

張　莉：《文學評論》，你當時除了訂這個雜誌，還有別的期刊嗎？

畢飛宇：你是說中學時代？還有《長春文學》。

張　莉：為什麼是《長春文學》？這個選擇好奇怪。

畢飛宇：當時有一個長春電影製片廠，很著名。長春既然有電影製片廠，那麼，長春的文學一定很好，這就是我當時的邏輯。

張　莉：這就是孩子的邏輯嘛。但看得出你一直愛閱讀。

畢飛宇：我的閱讀拐了許多次彎，到了大三，已經拐到哲學那裡去了，我是大三開始閱讀康德和黑格爾的，對我來說這個損失比較大，浪費了太多的時間。我必須老老實實承認，那時候我根本不懂，直到現在我閱讀康德都是很吃力的。我一直不懂得一個常識，文學可以自學，哲學是不可以的。可我那個時候不懂這個，經常為哲學裡的概念傷腦筋。是盲目的自信讓我閱讀康德和黑格爾的，浪費了許多時間，幾乎沒有收穫。人在年輕的時候都有這個階段，不可理喻的。我一直覺得，每個人都要經歷人生的三個時代：第一，童年時代的藝術時代；第二，青春期之後的哲學時代；第三，中年之後的史學時代。你可以不做藝術家、哲學家、史學家，但是，在精神上，人其實是要從這些地方經過的。童年時代你要模仿這個世界，青春期你要思索這個世界，中年之後你要印證這個世界，這些都是人的本能。所以，說來說去，在大學階段，我在哲學上浪費那麼多時間也不算冤枉。

張　莉：難怪你小說一上手就「形而上」，原來跟讀康德有關。

畢飛宇：我讀康德完全是和自己較勁，有一本書上說，讀康德十五頁就會發瘋，我被這句話害苦了，它刺激了我，那時候我多自信啊，二十歲前後哪有不自信的？哪有自己不能解決的問題啊，一頭就扎進去了。每天夜裡，我就在過道的路燈下面讀康德，確實讀不進去，很苦悶。為了入門，我把蔣孔陽先生的書找來了，這就是著名的《德國古典美學》，其實是科普性的，這本書我讀了差不多一年。讀完了，回過頭來，又開始讀《判斷力批判》，還是不行。我沒有發瘋，但是，自卑是真的。差不多就是在那個時候，我開始閱讀朱光潛了，我覺得朱光潛很了不起，嚴格地說，他是翻譯家，不是原創性的哲學家，可是，他的書有一個特點，深入淺出。他的書我可以讀懂。《西方美學史》我選擇的就是朱光潛先生的那個版本。對於像我這樣的讀者來說，我們太需要朱光潛這樣的學者了，功力深厚，語風極好，從不故弄玄虛，從不以己混混使人昭昭。鄧曉芒先生也有這個特點，讀他們的作品你會相信，哲學雖然深邃，但是，畢竟是人類的思想，不是占卜，也不是星盤，我們這些沒有特異功能的普通人也可以享受哲學的美。

4 思維要有品質

畢飛宇：想起來了，我之所以走進這樣的黑洞可能還是和我的父親有關，那時候還在鄉下呢，在七○年代後期，他突然迷上了邏輯學，我指的是形式邏輯，後來，他就給我開講。一個孩子哪裡能懂什麼邏輯學呢？什麼概念、大前提小前提、概念的周延不周延，頭都大了。現在回憶起來，我的父親在蘇北的鄉村實在是個搞笑的人，很喜感的，他帶著兒子，一天到晚在那裡畫邏輯方陣，都在弄些什麼？簡直就是一對神經病。

張　莉：不對，你這麼說不對，這不搞笑。我想到〈地球上的王家莊〉。你父親很令人尊敬。

畢飛宇：你沒有攤上，你攤上了你就不這樣說了。不過，我很喜歡我們家的夜晚，那時候，一般的家庭用的是小油燈，可是，因為母親要批改作業，必須用罩子燈，父親要學習，也要用罩子燈。兩盞罩子燈放在桌子的對角，很亮。他們的身影分別在兩面不同的牆上，這讓我很安寧。

張　莉：這個景象很迷人，父親不斷出現在你的小說裡是有道理的。

畢飛宇：我說過，我父親很少說話，但是，在晚上，看書看高興了，他也有心情好的時候，我們就聊一聊。之所以和我聊，是因為沒有人和他聊，他聊天的內容遠遠超出了我的能力，他喜歡抽象的東西，其實，我也喜歡抽象，抽象是很美的，很高級。舉一個最簡單的例子，兩個桃子，再加兩個桃子，等於四個桃子，這有意思嗎？一點意思都沒有，可是，2＋2＝4，這就不一樣了。這裡的2和4就因為不代表任何事物，卻可以涵蓋所有的事物，它擁有了理性的正當性、合理性，很鐵血，你必須服從，它構成了全人類的思維秩序。兩個桃子再加上兩個桃子，猴子會高興，也可能會打架。2＋2＝4呢，可了不得了，全人類都找到了共通的路徑。抽象是重要的，不及物的精神活動才能構成所謂的精神活動。

張　莉：我覺得你對哲學的熱愛非常影響你寫小說，讓你的小說和其他人的氣質不一樣，一開始就不一樣。

畢飛宇：無論我們怎樣談論小說，寫小說畢竟是一個很高級的思維活動，想像是高級的，抽象思維也一樣高級。但是，在談論小說的時候，我們會抓住想像，肆意的發揮，有意無意地回避抽象思維。作為一個寫小說的，我從來不會低估想像對於小說的意義，當我強調其他東西的時候，採取的是「不用多說」的姿態。人物的形象、人物與人物之間的關係，的確需要我們運用想像，可是，人物性格的走向，人物內部的邏輯，這些都是抽象的，想像力並不能窮盡。我始終認為好的作家應當是想像與思辨並舉的。

張　莉：抽象能力，或者對世界的整體認知能力對一位優秀小說家非常寶貴。一個沒有抽象思維能力的小說家走不遠，這毫無疑問。你真該慶幸父親為你打下的這個基礎。說到你和父親的關係，從〈寫字〉到〈地球上的王家莊〉，你寫的父子關係，有一個變化軌跡，你的年紀越大，父親的形象在你小說裡越來越重要。

畢飛宇：這裡頭有一個特殊情況，我要描寫「文革」，可我自己是一九六四年的人，所以，父輩在我的寫作裡一直是重要的。寫著寫著，我就要寫到父輩那裡去，和我父親的關係倒也不是特別大。

張　莉：但你也不能否認，你父親給你奠定了一個基礎，你認識世界或者理解世界的基礎。

畢飛宇：這個也難說，我意識到父親對我重要是三十歲之後的事，在此之前，我們的交流其實也不多。我想還是我喜歡讀書對我的幫助更大。在我們那個時代，我的閱讀是一件特別有趣的事情，我的書是從哪裡來的呢？我根本不知道，簡直就是老天爺送來的。那個時候亂哪，有時候，垃圾堆上就有幾本書，有的乾乾淨淨，有的又髒又破，有時候呢，就丟在小巷子裡，也沒人去撿。那時候我有一個習慣，遇上垃圾堆，總要停留一下，遇到書了，就拿起來看一看。如果喜歡，就在屁股上拍幾下，帶走了。我十七歲那一年閱讀盧卡契就是這樣的，那麼厚，每天讀一點。讀書給人的心理暗示是很奇怪的，如果我讀了一本很冷僻的書，走在大街上你會有一種沒有來路的自信心，心裡頭想，他們沒讀過，我讀過了，就會高興起來，像占了什麼便宜。內心的驕傲就是這麼產生的。這是很標準的少年的心。

張　莉：沒錯，讀到好書就是這感覺。你少年時就有這樣的感受力，讓人驚訝。剛才你說從垃圾堆裡撿書看的經驗很奇特，這完全超出了我的經驗。

畢飛宇：父親對我的作用是規整，並不是有意識的，但是，他在規整我。有一件事我記得很清楚，那是一九七六年夏天，在中堡中心小學的梧桐樹蔭底下，聚集了很多乘涼的人，我和一個小夥伴在那兒吵一個什麼事情，我們的聲音比較大。父親突然走了過來，說，你剛才那些話有沒有邏輯性？這句話讓我覺得自己犯了很大的錯誤。

張　莉：哇，這個場景。

畢飛宇：父親對我的思維品質有要求，這個不是一般的家庭可以做到的。如果我對他說一件事，說得生動，有層次，也會得到表揚的。如果我用了一個比喻，他也會說，這個比喻好。

張　莉：這是教育，是啟蒙。早前一些研究者總會從你的文本中發現激烈的父子對抗的東西，相關文章也很多。但其實，父親是你成長的基石。

畢飛宇：我父親這個人真是有意思的，哪怕在吃飯，他也處在一個批改作文的狀態裡頭。他對日常生活幾乎可以說毫無興趣。他就是這樣，領導講話念了錯別字，他一定要糾正過來。他是右派，必須的。但是有一點我是占了我父親的便宜的，他對思維品質一直都有很高的要求，他在無意識地給我提要求，他非常在意一個人的思維模式，在我看來，天才是存在的，天才又是不存在的，為什麼這麼說呢？所謂天才，其實就是你的思維模式適應了一樣東西，比方說，數學，比方說，詩歌。這種適應可以有兩種途徑，一種是巧遇，一種是訓練。每個人的思維模式都有可能適應一樣東西，也可能排斥另外的一樣東西。我的思維模式就很不適應數字的運算，即使是加減，到了兩位數我就需要時間了。

經歷

1 孤獨是有價值的

張　莉：你大學畢業以後，就分到了南京特殊教育師範學校。工作了五年。在這個時期，你開始寫小說了，後來也開始發表小說了。

畢飛宇：一九八七年我被分配到了南京特殊師範學校，這一年我二十三歲。發表處女作已經是一九九一年，四年過去了。

張　莉：我很好奇，你什麼時候從寫詩歌轉成寫小說的？

畢飛宇：我靜下心來決定寫小說就是一九八七年的十月。你可以想像一下，如果不讀研，一個人在二十三歲的時候其實是非常痛苦的，剛剛工作，一無所有，一事無成，時間又太多，你幹什麼呢？到了晚上就更加糟糕了，沒有電視，沒有電腦，讀書也讀不進去。如果那個時候有手機、有電腦，我的人生也許就不一樣了。回過頭來想，我覺得我的寫作來自於孤獨，我承受了孤獨的痛苦，也享受了孤獨的利益。是什麼讓一個人能量飽滿？是孤獨。我是一個看見了孤獨價值的人，即使是現在，我也是不應酬的。

張　莉：那時候你教的課不多嗎？

畢飛宇：不多。我在每天下午都要幹一件事，踢一場足球，後來又加了一項，學聲樂。晚上主要就是小說了，先讀，後寫。

張　莉：奇怪，為什麼學聲樂？

畢飛宇：也沒有理由。我們住的是集體宿舍，一個音樂老師跟我一個房間，老是和我聊音樂，學校裡正好有一個女高音，我就去跟她學去了。

張　莉：學了多長時間？

畢飛宇：一年多。

張　莉：你唱歌有了很大的進步吧？

畢飛宇：也沒有。如果當年學的是流行唱法，估計進步會比較大，但是，我學的是美聲，美聲玩的就是功夫，一年幾乎學不到什麼，勉強打開而已。

張　莉：我聽過施戰軍老師唱歌，唱得好。也是聽他說的，你唱歌唱得特別好，但我從沒聽你唱過。

畢飛宇：我早就不唱了。基本功本來就不扎實，後來的生活習慣又不好，熬夜，抽菸，這些東西對我的嗓子損害非常大，我現在已經打不開了。學美聲其實就是搞體育，不練你就不行了，身體達不到要求。

張　莉：你早期的寫作狀態是怎麼樣的，比較狂熱？

畢飛宇：很盲目，就是寫了投，投了退。年輕實在是個好東西，不怕打擊，心裡頭永遠有希望，我想我的心理素質不錯，怎麼退稿都沒有打垮我。那時候可不像現在，託個人什麼的，那時候沒有這些，骨子裡也瞧不起這些，我有許多毛病，但是，有一條是好的，我敢硬碰硬。我就是投，反反覆覆地投。

張　莉：最近我看新聞，好多作家都說到八〇年代他們收到退稿的經歷，很普遍，莫言、阿來、蘇童都說過。可能現在網絡時代的年輕人不能了解退稿的意味，退稿意味著這個作家的文字完全沒渠道被更多人知曉，根本沒網絡、微博、微信可貼。好像是余華說的，他當年投了退退了投，但也有些原則，先從重要刊物開始投，一級一級往下走，你那時候也是這樣嗎？

畢飛宇：《人民文學》、《收穫》、《鍾山》、《花城》、《作家》，就這幾家。有人告訴我，這幾家比較好，比較難，但是，一旦發了，關注的人多。所以我就盯著這幾家投。

張　莉：回過頭說南京特殊教育師範學校吧，這裡給你的最大收穫是什麼？我想知道，比如說《推拿》，從理論來說，這是一個命裡會有的作品，因為你在這個地方工作過。

畢飛宇：這個事情我要說很抱歉，我的確在南京特殊師範學校當過老師，但是，這所學校裡並沒有殘疾人。我在學校裡講授的也不是專業課，是文藝美學，還教了一段時間的現代漢語。從生活積累來看，我寫《推拿》和我的職業沒有關係，但是，我關注殘疾人比較早，這個是真的。當教師最大的收穫是什麼呢？兩個方面吧：第一，你不再是一個學生了，你是一個教師，雖然年紀相差不大，但是，你要有一個長輩的心態，否則你和學生是沒法相處的。第二，語言的表達。無論一樣東西多複雜，你都要想辦法去表達它，你不能說，我心裡頭明白，但是我說不出來，這句話一個教師沒有資格說。當教師使我堅定不移地相信了語言的力量，別人可以相信「一切都在不言中」，你不能信，你要相信語言是可以表達的，哪怕你表達得並不好。但是，我當教師的時候沒有和盲人相處過，這個我不能吹牛。

張　莉：大家的推理是這樣的，你自己好像也說過的，你的學生，後來當了盲人學校的老師，這樣你和盲人之間建立了「關係」。

畢飛宇：這個是對的。我後來可以和盲人建立起良好的關係，我的教師身分很重要。他們信任我。還是回到我的教師生涯來吧。就在我當教師的時候，我認識了一個人，他就是范小天，那時候他在《鍾山》編輯部工作，我給他投稿，他不回應，我就去編輯部找他，我們就這樣認識了。應當說，他是我文學上的第一個領路人，他給我講了許多寫作上的事。雖然他在早期沒有選發我的作品，但是，他給了我很大的鼓勵。我告訴他，你最好發我的作品，我會給《鍾山》增光的，他告訴我，你還需要磨練，這是《鍾山》，我不可能拿《鍾山》的聲譽為你打賭。

張　莉：這個對話太搞笑了。

畢飛宇：也就是那個時代，換了今天，人們會覺得是兩個神經病在說話。這是千真萬確的事情。幾年之後，一九九三年，我把〈祖宗〉寫好了，送給了范小天，我終於得到他的認可了。在我還在學爬的時候，是范小天扶著我，讓我站了起來。

張　莉：你認識丁帆老師也很早？

畢飛宇：是的，很早。丁帆我很尊敬，他是一個很特殊的人，善良，誠實，無私，他的身上有古風。他一直在批評我。有一天，我終於受不了了，問他，你怎麼老是批評我？他說，尼瑪，我不喜歡的作家我從來不批評。認識丁帆之後，我認識了王彬彬，後來王彬彬也去了南京大學，我想說，南京大學的這些朋友是特別的，整個南京大學都是特別的，他們的身上有很誠摯的東西，絕不市儈。他們很可能無法成為你的朋友，但是，一旦做了朋友，會成為你終生的摯友，他們很直截，如果你沒有足夠大的心臟，沒有對文學有力的愛，你會無法承受。我喜愛這樣的朋友，我也需要這樣的朋友，二十多年過去了，我至今還在他們的身上汲取營養。

張　莉：南京是一個文學之城，有很多作家。當時你應該知道陸文夫他們。

畢飛宇：剛到南京的時候，蘇童和葉兆言還沒起來，大家談論的是陸文夫、高曉生，重點是周梅森。對，那時候周梅森很熱，他的民國系列大家都很關注。

張　莉：你當時也看他們的書？

畢飛宇：看。但在感覺上，陸文夫和高曉聲離我們有些遠了。那是一個怎麼寫的年代，也許在方法論上我不會在意什麼。那個時候我在意的是馬原，我要看他怎麼寫。

張　莉：重點是，你到了南京，開始進入一個重要的文化氛圍。

畢飛宇：當時馬奎斯和博爾赫斯也還在流行著。

張　莉：你也迷過他們？

畢飛宇：主要是文學批評與潮流的力量太巨大了，你在那樣一個潮流裡頭，不迷說不過去，這也正是年輕的特點。——為什麼我寫小說的時間要晚一些，原因也在這裡，剛剛讀大學的那會兒，我大量的時間都耗到詩歌上去了，從熱愛這個角度出發，我對詩歌的興趣也許更大一些，但是，很可惜，我的天分不在詩歌上。我的思維模式偏於具象，其實更適合敘事，也就是小說。小說像幾何，而詩歌很像微積分，我的幾何學得很好，到了微積分，我幾乎就是一個傻瓜。可是，人在年輕的時候盲目啊，大家都寫詩，我怎麼可以不寫詩？我們要做出一副瞧不起小說的樣子，寫詩去。不寫詩，和女同學怎麼說話呢？從詩歌出發，後來就偏到詩歌理論上去了，再一偏，又偏到美學上去了，再一偏呢，就偏到哲學上去了，然後，大學畢業了，什麼也沒有學到，到處都是一知半解。可是，我現在一點也不後悔。第一，詩歌畢竟鍛煉了我的小說語言，第二，擁有了哲學的閱讀能力，這個對我還是有幫助的。等我決定寫小說的時候，我已經大學畢業了，我也沒那麼愚蠢了，我要知道西方的現代主義是如何「漢化」的，所以，就認真的研讀馬原。

張　莉：馬原的哪篇小說對你影響比較大？

畢飛宇：不是哪一篇，是那種尋找小說的方法，還有調調。

張　莉：比如，「我就是那個寫小說的漢人馬原」那句話？

畢飛宇：是。在當時，他對我最大的幫助是他提供了一種十分新穎的小說思維，這個是很有意思的。馬原是一個漢人，但是，「漢人馬原」這個說法就有意思了，它說明了一件事，馬原並沒有處在「漢文化」的文化環境裡，這就構成了文化上的距離，是帶有魔幻性的，「我就是那個叫馬原的漢人」呢，這就比第一人稱小說多了一個元素，「我」不再是敘述的角度，也是敘述的對象，這個是很有意思的。對了，那時候還有一個作家，叫洪峰，現在的人不怎麼提他了，其實洪峰是一個很好的作家，我至今還記得我讀〈瀚海〉的情景，〈瀚海〉寫得很好，在當時，我覺得這樣的小說是不可思議的。

張　莉：只是他們兩個嗎？

畢飛宇：不能說只是，我只能說，在西方現代主義的漢化過程中，我選擇了他們。我必須承認，我研讀過馬原，在我的內心，我至今把馬原當作我的老師，當然，他不會認我這個學生的。

張　莉：當時也不是你一個人視馬原為老師吧，我看以前的資料，余華、格非他們那批先鋒派作家，也都視他為老師，有一陣，據說年輕作家都「言必稱馬原」。你仿寫是在一九九一年那時候嗎？

畢飛宇：不是，是八〇年代，一九九一年我已經開始發表作品了。在八〇年代我為什麼要仿寫呢？這就要說到我的太太了，那時候還是女朋友呢，她一直幫我謄寫。有一天，她對我說，你的語言裡頭怎麼有那麼多的關聯詞呢？

張　莉：這個問題問得真好。

畢飛宇：這個問題嚇了我一大跳，我意識到了，我花了很多的時間讀哲學，我的語言已經染上了哲學腔了，一點都不像小說的語言，這可怎麼好呢？我畢竟還有自省的能力，我把我的小說拿過來讀，一讀，發現問題了。第一，偏於思辨；第二，過於邏輯，這其實是一個問題。我就開始解決這個問題，開始訓練。我要求自己每天用一些時間，手不能停，不停地寫，瞎寫。為什麼要這樣做？只有這樣，你才能打破你思維上的邏輯慣性，你不能允許自己使用邏輯。這個訓練對我的幫助很大，越寫越開放，越寫越自由，那可真的是滿紙荒唐言。

張　莉：還有這種訓練方法啊？

畢飛宇：每個人的訓練方法不一樣，有些人天生就亂，那他就要規整；我在大學期間花了不少時間讀哲學，思維模式比較規整，喜歡抽象，對我來說，需要亂。這個過程對我來講有一年多的時間，我房間裡面很多紙，上面都是胡言亂語。對，我玩體育也是這樣的，訓練上很有一套。

張　莉：你那樣亂寫，其實是在跨一個坎，找自己的語感。

畢飛宇：當年這個障礙不克服的話，我覺得我跨不出去的。

張　莉：「亂」也許是一種放鬆，釋放另一個自我，對作家早期也許很重要。

畢飛宇：是不是很重要我其實也不知道，但是，從後來的發展脈絡來看，那樣做似乎是對的。有一點我需要補充一下，我那樣做也不是十分地清晰，不是目的性很強的那種，多少帶有遊戲的色彩，反正就是和自己較勁，哪有藝術家不和自己較勁的呢？我到現在還在和自己較勁，這是一個艱辛的過程，也是一個充滿了樂趣的、甚至是童趣的過程，像哄著自己玩。寫小說有絕對嚴肅的一面，也有嬉戲的一面，否則，哪裡會有那麼多的人去寫小說。總之，對我來說，寫小說的過程既是一個爭取內心自由的過程，也是一個刻苦訓練的過程。

張　莉：我很相信刻苦訓練的。上研究生時，我曾經要求自己每天抄寫一段吳爾芙的《普通讀者》裡的某段文字，就是想向她學習一種表達，很笨吧？但我相信很多寫字的人暗地裡都有一段或長或短的訓練過程。

畢飛宇：你也許注意到了，我很少談自己的才能，老實說，我對自己的才能是滿意的，可我更願意談論訓練。我是教師家庭走出來的，很小就知道訓練的意義。受過訓練的才能和沒有受過訓練的才能是不一樣的，受過訓練的才能更可靠，不容易走樣。你可別小瞧了「走樣」，這可是大事。你看看體育，專業訓練過的業餘選手永遠不一樣，一出手就不一樣，任何人都能看得出來。文學其實也是這樣的，只不過許多人不知道罷了。

張　莉：行家一出手，就知有沒有。有些作者一出手就知道不是「石頭縫裡冒出來的」，是經過訓練的。

畢飛宇：我喜歡運動，喜歡田徑、足球、乒乓球，認識不少專業人士。專業人士有一個共同的特點，動作很漂亮，越是水平高的專業人士，動作就越是漂亮。這個「動作漂亮」其實就是力量的流暢與合理，沒有浪費，沒有彆彆扭扭的感覺。小說其實也是一樣的，語言越是生動、準確，就越是漂亮，順暢嘛，合理。我同樣認識許多高端人士，他們在自己的領域裡成就斐然，可是，偶爾給我寫封信，那個語句真是教人不敢恭維，彆扭死了，標點符號都用得不是地方，讀起來呼吸都困難。我在《雨花》做過多年的編輯，不少年輕人真的很有才華，可是，作品始終不對勁。他們就問我，我為什麼寫不好？我說，你的量還不夠，等你寫到一定的字數了，許多問題自己就發現了，自己就解決了。

張　莉：三年的寫作經驗和十年的寫作經驗肯定是不一樣的。我現在也很信任「量」這回事兒。有些門道需要自己悟。

畢飛宇：我剛才說到了「走樣」的問題，這個問題其實挺重要的。每個作家都有自己擅長的領域，也有自己不擅長的領域。在許多時候，到了我們不那麼擅長的領域裡，我們的小說就很容易走樣，也就是大失水準。但是，如果一個小說家受過比較好的訓練，大失水準的事情一般就不會發生，你可以差一些，但是，不至於慘不忍睹。以我個人的經驗來看，四十歲往往是一個分水嶺，年輕的時候依靠狂熱、衝擊力，可以很炫目的，但是，一過了四十，如果你底子不好，不扎實，作家很容易「走樣」，這個時候就很容易千瘡百孔。

張　莉：寫作可能跟體育的訓練還是有些差別，有時候一位寫作者的走樣可能最終換來另一種風光。但是，還是要基本功好。如果語言表達能力不過關，其他就都不用談了。是不是你從做教師的時候就注重自我訓練？

畢飛宇：是啊，我還做了一個工作，把海明威的東西拿過來，夜裡面沒事幹的時候，拿一張紙，一枝筆，把他的小說整篇整篇地往下捋。我曾經打過一個比方，一片葉子，你說這個葉子是怎麼長起來的呢？沒有人知道，但是，這個葉子已經枯了，那你就拿在手上抖一抖，除了脈絡，別的都掉光了。回過頭再看葉子，簡單了。那時候我很年輕，也是無聊嘛，我就幹這個，玩得津津有味的。還是那句話，只要你喜歡，你總有辦法。

張　莉：這個方法啊，我讀篇好的學術論文的時候會用，讀完後寫一下剛才這個論文的脈絡，琢磨一下文章是從哪裡來要到哪裡去，如果有必要，也要思考一下這個作者的思想來源等問題。讀文章要看作者是怎麼寫到這裡來的，他的邏輯是什麼，怎麼就走到這裡了。——你現在提到當時那段經歷挺得意吧？

畢飛宇：就覺得好玩，津津有味的。誰說的？熱愛是最好的老師，千真萬確。有一天夜裡我用很長時間把〈吉力馬札羅的雪〉拆解開來的時候，內心非常激動。那是一種什麼感覺呢？像童年的某一個春天，傍晚的時候，一切都好好，一夜暴雨，第二天，世界全變了，滿地都是青芽，你目睹了大地最神奇的力量。

張　莉：哎，這個比喻很形象。

畢飛宇：這麼多年了，從我二十多歲，一直到現在，小說一直陪伴著我。我很驕傲的，這麼多年，除了寫小說，我什麼都沒幹過。就算我是一個傻瓜，我想我也能把小說寫得有點模樣了。對了，那時候我身邊還有一個文學小組呢。

張　莉：文學小組，這個是在什麼時候？

畢飛宇：就是一九八七、八八、八九年。那時候，我在做教師，我的同事裡頭有好幾個寫作愛好者，他們在圖書館工作，沒事的時候，我們就在一起聊。其實我想說的是，一個作家的成長，文學小組是一個捷徑，文學小組最大的作用就在於它能讓你每天把更多的精力用於探索和實地考察，這真的非常重要。

張　莉：什麼叫「實地考察」，讀小說還有實地考察？

畢飛宇：面對一個作品，大家討論。都是不自覺的，也沒有什麼目的，很自然就這樣了，那時候我們是真正的文藝青年，每一天的閒聊都很高級。

張　莉：格非老師在清華給我們上研究生課，講過一件事情。應該說是在上海吧，他和余華還有蘇童，在一個旅館裡面討論某篇小說，掰開了揉碎了談，討論人家是怎麼寫的，這句話的意思是什麼。他告訴我們，這個討論過程對他非常重要。這跟你剛才說的差不多，只不過你當時還沒有余華和蘇童這樣的朋友，而是另外一些朋友而已。但看起來那時的小說家們起步都有這樣的過程。

畢飛宇：當時我印象最深的是南京的一個朋友，他在另外一所學校，到了周末，他就過來，有一天夜裡，我們差不多聊了一夜的昆德拉，還跳霹靂舞。他聊得真好，霹靂舞也跳得好，比我強多了。我很佩服他，覺得他前程遠大，可惜，一九九〇年的年底，他做生意去了。

張　莉：人各有路。有些人聊得很好，講起怎麼寫怎麼寫頭頭是道，但不一定寫得好。反而是聊得不好的人可能寫得好，最後會寫出來。我看莫言的一個資料，他好像也說過，他不是他們軍藝宿舍裡最能聊的，但卻是最能寫的。聊文學對小說家早期看起來還真有用。

畢飛宇：很幸運，在八〇年代，我趕上了一個文學的尾巴。現在請人聊文學不容易了，要花錢。

2 自行車上的堅持

張　莉：好像是，一九九二年的一天你在新街口走著走著，看到一個招聘廣告，然後你就去了《南京日報》，是這樣的過程嗎？

畢飛宇：是這樣的。這個時候我已經開始發表處女作了，也許處女作對我的調動有所幫助。

張　莉：對，那個在《花城》，——可我聽上去覺得這事很有戲劇性，很奇妙，你說走著走著，看到一個招聘廣告。

畢飛宇：沒有戲劇性哪，就是這樣，我是在新街口的郵局看到廣告的，《南京日報》就在對面，老南京都知道這個。我過了馬路，交了兩塊錢，就報名了。

張　莉：你怎麼看見的？

畢飛宇：無意間看到的，我去報名的時候，其實身上沒有兩塊錢，我那兩塊錢是跟別人要的，

張　莉：借的？

畢飛宇：不是借的，是要的。我攔住一個人，告訴他我想去報名，身上沒錢，你能不能幫助一下，人家就給了。

張　莉：然後就是你很快參加面試，然後就通過了？

畢飛宇：哪能那麼簡單，考了七輪呢。就在考試的同時，因為《南京日報》和南京電視臺是在同一個樓裡面，我又看到了南京電視臺的招聘廣告，那正是媒體高速發展的前夕，我也報了南京電視臺，兩邊都考試了，兩邊都參加了面試。

張　莉：不會吧，你別告訴我這兩個單位都錄取你了。

畢飛宇：沒有，南京電視臺的面試我遲到了，一屋子的人，都貼著牆坐。我遲到了，一下子衝了進去，兩個臺長坐在一張三人沙發裡，只有兩個臺長的中間有一個空座位。我那時候已經做了五年教師了，我不能退出來，那樣太委瑣了。我就在兩個臺長的中間坐了下來，一坐下去就知道我完蛋了。我是最後一個面試的，因為知道自己完了，那就玩唄，我就和面試官逗趣。他拍著自己的大腿，不停地拿經濟學的問題刁難我，我也拍著自己的大腿，像個年輕有為的後備幹部，考察來了，很爽的。

張　莉：哈，看來電視臺的面試肯定過不了。結果《南京日報》要了你？

畢飛宇：是的，就到《南京日報》了。在《南京日報》待了六年。

張　莉：在《南京日報》，你寫的報導並不多吧，應該是每天在不務正業地寫小說。

畢飛宇：當時有一個特殊情況，我的住家還在南京特殊師範學校，我一九九二年的時候已經結婚了，家還在學校裡頭，我的家離報社多遠呢？八十分鐘的自行車，一個來回，就是一百六十分鐘，所以，我幾乎每天都要早退。在這裡我是需要感謝《南京日報》的，我不會說《南京日報》對我的寫作有多支持，可是，沒有干涉，已經很讓我滿足了。回家之後，我先去踢足球，晚飯之後，趴在寫字桌上睡一覺，為什麼要趴在桌子上睡呢？那是因為我不能上床，一上床就起不來了。我要靠肩膀的疼痛把自己叫醒，差不多九點，我就醒來了，一醒來就寫，寫到深夜兩點，有時候三點。

張　莉：這個上班路程，今天真難以想像。你那時的寫作有點「頭懸梁錐刺骨」的意思。

畢飛宇：我年輕的時候體能和精力都是不錯的，要不然我支撐不下來。老實說，我人生的起點很低，就一個普普通通的鄉下孩子。在我的人生道路上，我的體魄幫了我很大的忙，你要想做點事情，你必須付出，這個付出首先是體能上的，這是很公平的事情。現在想起來也真是，我在年輕的時候體能上的付出是巨大的，多虧了我的身體了。當然，我在報社裡面可以睡個午覺。

張　莉：那你們報社領導是不是對你很有意見？

畢飛宇：還好，那時候媒體的壓力也沒有現在這麼大，一九九二年嘛。我想我不至於招人討厭，不過，在《南京日報》，我估計喜歡我的領導大概也沒有。總體上來說，《南京日報》對我還是很友善的。

3 《雨花》中綻放

張　莉：是因為發表了〈哺乳期的女人〉才去《雨花》雜誌社嗎？你在那兒更寬鬆更自由了。

畢飛宇：對。〈哺乳期的女人〉得了首屆魯迅文學獎了嘛，江蘇作協開始關注我了。那時候周桐淦是《雨花》的主編，他對我很關心，說愛惜也不為過，因為他的幫助，我就去了《雨花》。其實，做一個專業作家是最理想的，那時候專業作家也沒有受到後來的廣泛批評，但是，我不願意做專業作家，很難說為什麼，我情願去雜誌社做一個編輯。我自己覺得業餘的寫作狀態更適合我。我在很小的時候父親就鼓勵我獨立思考，我不會跟風，也不喜歡人云亦云。在大事上，我從來都是自作主張，挑自己最合適的道路。

張　莉：那兒的同事對你應該很寬鬆吧？

畢飛宇：對，《雨花》對我很寬鬆，那真是沒說的。

張　莉：你在那裡看起來很愉快。

畢飛宇：我很懷念王臻中和楊承志時期的江蘇作協，尤其是楊承志女士，她是一個官員，很善良。我在她面前沒少說不合時宜的話，她卻很大氣，從來都不計較的。如果換一個位置，把我換作她，我很可能做不到的。她早就離開江蘇了，可我們至今保持著很好的友誼。我對她是可以講心裡話的。

張　莉：我聽到過一個說法，說你在做編輯的時候用過一個筆名，叫華正寧，因此畢飛宇老被人叫作華正寧，這很好笑，你的字寫得很清楚，怎麼被念成這個名字。

畢飛宇：我的字沒有問題，可是，我的信是別人寫的，一潦草，可不就成「華正寧」了。

張　莉：你算是個好編輯嗎？

畢飛宇：算。我當教師的時候，很多人覺得我吊兒郎當，其實我是一個好老師，很敬業，到了編輯部，我給人印象依然是吊兒郎當，但我一樣很敬業。不知道為什麼，也許是寫作的緣故，熬夜嘛，我始終給人不負責任的印象。其實我不是這樣的，我是一個有責任心的人，你從我的文風裡頭可以讀得出來。

張　莉：你跟你的作者交流嗎？

畢飛宇：我會約作者來認真交流。在《雨花》的時候，我發了許多頭條小說，都是處女作。

張　莉：有沒有發掘出寫得不錯的作者？

畢飛宇：有啊，龐余亮，他的小說處女作就是我編輯的。我編輯的作品還得過全國獎呢。當然，最讓我自豪的還是龐余亮。他真是一個很好的小說家。

張　莉：《雨花》雜誌社這段時間算不算你特別重要的時期？

畢飛宇：在《雨花》我寫了《青衣》、《玉米》、《平原》、〈地球上的王家莊〉，那些年我很舒服，每個星期我去兩三次，好好做編輯，工作做完了，回家，差不多就是這樣的。

4 城牆下的夜遊者

張　莉：你有一本書，裡面有王彬彬老師給你寫的評論。

畢飛宇：那個集子叫《是誰在深夜說話》。

張　莉：對。王彬彬寫的跋，題目是〈城牆下的夜遊者〉。這個說法跟你當時的形象很貼合。

畢飛宇：我和王彬彬認識是特別有價值的事情，他的腦袋特別大，我這裡說的「腦袋」可不是生理意義上，我指的是這個人的精神結構。我們聊天聊得很多，因為他戰鬥性比較強，所以，許多人忽略了他的學養，他是一個讀書很多的人，幾乎就是我的字典。我的另一個字典是葉兆言。遇上問題了，我總是給王彬彬或葉兆言打電話。王彬彬對我的幫助太多了，我總是剝削他，他看了什麼書，我就和他聊。對我來說，王彬彬還是警鐘，過些日子就響一下。他的批評馬力特別大，他一巴掌過來絕對不是撫摸的，絕對是讓你眼睛裡面冒火的。

張　莉：是啊，他火力很猛。他當年的很多批評文章，比如批評金庸、批評王朔，今天看依然有道理，並沒走火。《並未遠去的背景》一直在我的書架上，幾年前他寄給我的，從第一篇到最後一篇，我都認真讀了，很銳利，受啟發。

畢飛宇：如果我不寫小說，我想我不會交王彬彬這樣的朋友，但是，我寫了，反過來就覺得王彬彬這樣氣質類型的朋友很可貴。

張　莉：前陣子讀到他在《南方文壇》上的〈要魯迅，也要胡適〉的文章，很好。他寫你的那幾篇評論也很中肯。

畢飛宇：他有一篇文章對我觸動非常大。〈風高放火與振翅灑水〉，我沒想到，像他這樣壯懷激烈的人，在贊成魯迅的同時，能那麼理性地看待胡適，這個文章是他精神上的一個提升，對我也是一個提升。我特別想說什麼呢，一個作家的成長不是孤立的，和他周邊的文化環境有千絲萬縷的聯繫。我想這樣說，一個作家的持久力，和他自己有關，有時候，和他自己也無關，它取決於你有多少精神上的摯友，他們未必會讓你很舒服。如果你的身邊只有那些相互吹捧和彼此安慰的朋友，你的未來也許靠不住。很簡單，精神不是知識，它需要激蕩，它需要活力，精神都冬眠了，一個小說家你還能指望他什麼呢？真正的好朋友，是幫助你打開胸懷的那些人，當然，這裡就有一個承受力的問題，沒有承受力一切就都免談了。

5〈孤島〉的心很大

張　莉：《花城》是發表你處女作的地方。

畢飛宇：是的，我的作品在《花城》發表有它的偶然性，也是必然的。

張　莉：為什麼說是必然，因為你一直在給他們投稿嗎？

畢飛宇：我還是「文青」的時候，一直都在給他們投稿。那時候，我對《花城》有一個判斷，它更前衛，它更容易接受年輕人。《花城》到現在都有這個特點，有些時候它會走得比較遠。

張　莉：《花城》在當時是走在前面的。

畢飛宇：《花城》一直有一個特點，相比較於《人民文學》和《收穫》，它不穩定的。有幾期，它很好，有幾期，它又不好了。為什麼不好呢？它要試驗，它要推年輕人，這是我喜歡的，也是我的機會。我的直覺是，《花城》有可能給我一個舞臺。

張　莉：你寫過一篇關於《花城》編輯朱燕玲的文章，她是你處女作的責任編輯。在早期，你有一段時間經常在那兒發小說。

畢飛宇：不是我經常在那兒發小說，實際的情況是，那時候只有《花城》願意發我的小說。那時候可不是現在，作家主要和出版社打交道，那時候，作品主要在刊物上發表，一個年輕人想在期刊上得到一次機會並不容易。一九九〇年前後，文學的熱度一下子下去了，年輕人的機會更少了。

張　莉：第一篇小說是〈孤島〉。

畢飛宇：這個作品很少有人注意了，它有一點是很特殊的，它寫於一九八九年，我幾乎用了一年的時間才把它寫完。我想告訴你的是，這個作品對我來講有特別的意義。它有兩個支點，中國的政治和中國的歷史。寫〈孤島〉的時候，我並不十分在意文體，那時候，表達的欲望太迫切了，也許這個作品有些貪大，但是，在一九八九年，你要求一個二十五歲的年輕人不注重大問題那是絕對不可能的。那時的年輕人和今天的年輕人真的太不一樣了，滿腦子「山河人民」。說話說得好好的，能為一件和自己毫不相干的事情流淚，如果讓今天的年輕人去看，他們也許會覺得我們在裝，可是，裝給誰看哪？大家都流淚。沒有一個人會為此不好意思。那時候我們是多麼的誠摯和激昂，就覺得少了我們絕對不行。朱燕玲女士，那個時候還是一個小姑娘呢，她從一大堆的自由來稿中替我把〈孤島〉發表出來，我一生都感謝她。無論未來的讀者如何看待〈孤島〉，以它作為我文學人生的起點，都是一件令我自豪的事情。

張　莉：「山河人民」，你說的氣氛很重要。作家都會受到他所處時代的影響。有時候想想，為什麼七〇後和六〇後作家關注的問題有那麼大的區別，為什麼八〇後的語氣和關注點又不同？某種程度上，作家的氣息和他所處的時代氣質相伴而生是對的。不過，一個作家如何超越他的時代，感受到不一樣的東西更重要，更有挑戰力。

畢飛宇：我的心很大，那時候，我真正關心的並不是我能不能做作家，而是我能不能面對中國發言。所以，我再說一遍，一直以來，我最大的願望就是作品能夠發表出來，有讀者，我可以發言，這就足夠了。能不能出名，那些都不在我的考慮的範圍之內。對了，那時候全中國都沒有文學獎，所以，能不能得獎，這些更不是事。我得獎比較多，有一次，一個記者問我，如果你不能得獎，你還會寫作嗎？我毫不猶豫就給了一個回答，當然，我一定會寫。

6 作家與批評家的有效對話

張　莉：接下來是《人民文學》了，說起《人民文學》就必然說起李敬澤老師，是有一天李敬澤給你打電話嗎？

畢飛宇：我和李敬澤認識是這麼一回事：一九九四年，我在《作家》發了一個短篇，叫〈枸杞子〉，李敬澤在《人民文學》轉載了，這是一件匪夷所思的事情，這樣的事情大概也只有李敬澤做得出來。幾個月之後，我們在北京見面了，一九九四年，李敬澤只是李敬澤，還不是敬爺，那一年我們都剛滿三十歲。

張　莉：當時李敬澤從《小說選刊》到《人民文學》了？

畢飛宇：已經到《人民文學》了，這對《人民文學》是一件非常要緊的事。

張　莉：你和李敬澤認識對你特別重要。

畢飛宇：我們見面是很普通的，就是在路邊的小飯店吃了一頓飯，是吃飽肚子的那種性質，也說了一些閒話，我估計我們彼此都沒有留下什麼特殊的印象。那時候山東有一份報紙，叫《作家報》，有一天，我讀到了李敬澤的文章，這一讀嚇了我一跳，那文章寫的，太帥了。也就是從那個時候起，李敬澤開始了他的批評家的生涯。我要說，李敬澤這個人是很另類的，在文學圈內，許多人對自己都有一個錯覺，覺得自己才華出眾，李敬澤他剛好相反，在很長時間內，他似乎並不了解自己，他不知道自己擁有怎樣的才華。這是一件不可思議的事情。這個也許和他的出生與成長有關，他遇見的牛人太多了，他沒拿自己當回事。也許和他很年輕的時候就做文學編輯有關，他只看得見別人的閃爍，就是看不見自己。

張　莉：後來見面就越來越多了。

畢飛宇：後來我們又見面了，就開始聊，是晚上開始的，一抬頭，天亮了。這差不多成了慣例，只要一見面，我們都會通宵達旦。可惜了，那時候沒有錄音，有很多東西真的很有價值，具體的我也想不起來了，但是我記得我的感受，很亢奮。認識敬澤是我人生的大幸，我要說，在他那裡，我長了很大的功夫，他的天分實在是太好了。這樣的情形差不多有十年，現在我們都這把年紀了，比較克制了，很少過淩晨兩點。但我們在電話裡還是長聊，上一次我們聊到了三點多，他說：「這年頭還有這樣的傻瓜在聊文學，都幾點了，睡覺吧。」

張　莉：這事兒真有意思。如果把聊天錄下來，就是你們兩個人的成長史了。

畢飛宇：你知道的，不會有人規定我們聊什麼，但是，萬事都有一個開頭，開頭很重要，我們從一開始就定了一個極好的調子，就是討論，每一次都像學術研討那樣，我們的討論很有質量，涉及面非常廣，同時也很深入。他對我的影響是巨大的，無論是學養還是美學上的趣味，我都很信任他。信任有多種多樣，但對藝術家而言，美學趣味上的信任極其艱難。

張　莉：是這樣，作為讀者或者同行，我覺得李敬澤和你的關係，特別讓人感慨，我不是從他做為編輯的角度說的，是從他做為批評家角度理解的。你以前的很多小說，一發表，他就有一個評論，比如〈寫字〉、〈是誰在深夜說話〉、《玉米》、《平原》、《推拿》，你每一部重要作品，都伴隨著他的評價。而且還是所有評價裡最中肯的。

畢飛宇：你們看到的其實是表相，他的評論我也讀過，鼓勵的多，肯定的多，其實，私底下，他對我的批評一樣尖銳。你知道我有多自負，但是，對他，我服氣。所以，關於人生，我始終有一個認識，批評到哪一步，友誼就到哪一步。你千萬不要被他笑容可掬的假象所迷惑，很溫和，是的，特別溫和，可他批評人的時候是非常厲害的，一針見血，我這麼跟你說，他批評我的話要是擱在你身上，你不一定受得了。這個人在骨子裡是極其有力量的一個人。

張　莉：我們這一代，是讀他的評論長大的，我最近受邀人文社編你的研究資料，有那麼多的研究資料和論文需要篩選，掂來掂去，讀來讀去，我還是覺得他的評論不能刪去，刪了太可惜，一篇都不能少。他對你的重要性，一方面，他在你還不是一個很多批評家都認可的作家的時候，就給予了充分肯定；另一方面，他的評價，別具路徑，超過作家本人的理解，也超過所有同行的認識。

畢飛宇：我不知道這個世界上有沒有這樣的作家，他誰也不需要，他一個人，完成了一個圓融的文學天地，我顯然不是這樣的人，我要承認，我始終可以從朋友那裡獲得能量。所以我感謝敬澤，不只是感謝他的智慧，主要是感謝他的胸懷，其實，說白了，我的小說和他有什麼關係呢？如果我寫了一個好東西，人們只會把掌聲給我，不會把掌聲給他，這一點我想他是知道的，但是，他從不計較這些，他幫助過許許多多的作家，尤其是年輕的作家，他從來不在乎這些，他是一個特別大氣的人。

張　莉：李敬澤是天生的文學批評家。他最大的優點在於他有欣賞美的能力，他有欣賞美、感受美、鑒賞美的能力。他從自己的閱讀經驗出發，從不同的作者那裡挖掘出他們的不同，而這種不同又往往成為作家獨特和純粹的特徵，具有說服力。而且，他也有強烈的文體意識，他的文字自成一體，他的批評使讀評論不再枯燥與乏味，而變成了有趣的、豐富的閱讀享受。某種程度上，衡量一位現場批評家的水平，首先要看他欣賞的那些對象，看他的鑒別力能不能經得起時間的考驗。有的批評家，你把他的批評對象放在一起，過個十年二十年或者更久的時間，發現他喜歡他欣賞的作家都在文學史上消失了，或者以我們今天的審美看來那些作家根本不值一提了。那麼，真遺憾，這個批評家的能力值得懷疑。但是李敬澤不會的。你把他的評論放在一起的時候，你會發現，他的評論本身就構成了九〇年代以來的中國文學發展史，他是和中國九〇年代以來的文學共同走過的。而且更重要的是，他的很多評論都有脫離對象獨立存在的能力，他的思索和思考不依附於批評對象本身。這對一個批評家來講，太重要了。

畢飛宇：這裡面有一個很重要的問題。他很年輕的時候，在《小說選刊》，然後又到了《人民文學》，後來又主編《人民文學》，他的面廣，格局大。

張　莉：他很敏銳，能保持一種對新生事物的感受力。最近我看他對八〇後作家比如甫躍輝，比如葉揚的評論，也都會受觸動，他幫助讀者打開理解一位新作家的空間。而且，這個人，也是有包容性和接納力的，他總是會不遺餘力地向公眾推薦優秀的同行。這需要胸懷。他把扶持年輕一代成長當成事業，年輕作家受益於他的推介，批評家們也一樣，——我們這批七〇後批評家的成長，也得益於他的大力推薦。

畢飛宇：我經常對年輕的作家講，要建立起自己的對話關係，也許年輕人以為我在擺老資格，其實我說的是自己的體會。和一個自己信得過的人建立起一種長期的、有效的對話關係，這對一個小說家的成長是很重要的。

張　莉：這也需要作家本人的領悟力。

畢飛宇：再和你講一點別的。上半年，我在歐洲的時間比較長，和義大利、法國、德國、荷蘭的批評家寬泛地交流了一下，這些西方的批評家都說起了一個話題，說，西方的文學生態有問題，那就是作家和批評家老死不相往來，這一點不如中國好。我聽到這樣的話嚇了一跳，為什麼呢？因為我在中國時常聽到相反的意見，說，中國的文學現狀之所以不好，就因為作家和批評家距離太近了。——這是兩種完全不同的聲音，我沒有結論，但是，兩種相反的意見就在我的耳邊。哪一種是正確的呢？我沒有結論，但我願意把這個問題放在這裡，那就讓歷史來檢驗吧。

張　莉：批評家和作家的關係很有意思，值得說的地方還是挺多的。我們這個時代，是不是對批評家和作家的關係太敏感了？別林斯基當時應該是俄羅斯的黃金時代吧，他與普希金、果戈里、托爾斯泰、屠格涅夫都是非常近的朋友關係。但這不影響他的讚美或批評。有時候我想，如果別林斯基生活在我們這個時代會怎麼樣？他一定會被批評不專業、不職業的，因為他沒有與作家保持「恰當的距離」。現在的媒體總認為，一個批評家如果不對作家口誅筆伐就好像缺少風骨似的。這是有問題的。重要的不是距離，重要的是批評家本身的獨立性，他本身是否有品質。另外，在批評領域，常常強調批評家要對作家不留情面，似乎只有這樣批評家才有他的獨立性似的。這也值得商榷。王富仁先生對我們說，作家是有創造力的，是藝術家，批評家首先應該尊重他們，應該尊重同行的創造力。我一直記得。當年批判《廢都》，很多評論家對賈平凹掄起大棒口誅筆伐，只有王富仁、嚴家炎等少數學者保持了他們寶貴的藝術立場，對賈平凹的寫作進行了支持。他們沒有用狹隘的、庸俗的道德標準去衡量一位藝術家，沒有夾槍帶棒地指責以顯示自己「勇敢」。他們尊重作家在這個時代所做出的寶貴思考。一個批評家的批評需要勇氣，一位批評家的褒獎也同樣需要勇氣。批評家重要的是獨立思考的能力，是獨立性，既不能為了讚美而讚美，也不能為了批評而批評。

7 魯迅文學獎

張　莉：《作家》在你創作經歷中也很重要吧？它發了〈哺乳期的女人〉，後來獲了魯迅文學獎，對你是一個重要的關節點。

畢飛宇：寫〈哺乳期的女人〉的時候，我剛剛從死亡線上回來。

張　莉：發生了什麼事情？

畢飛宇：我在《南京日報》每天要騎自行車，每天早上都是空腹騎車。時間久了，胃出了問題，我就去醫院做胃鏡檢查，其實問題不大，但是，醫生一不小心把我的胃動脈血管給弄破了，這一來問題大了，大出血，幾秒鐘我就暈過去了。我在醫院裡面躺了半個月，第十六天，我在醫院裡面實在待不下去了，就回家洗個澡。你知道的，胃出血不能吃東西，全靠輸液，最多吃一點「軟飯」，我可是吃過「軟飯」的人呢，我的身體非常虛弱，我記得我從浴缸出來的時候兩條腿都在抖，站不穩的。後來我就半躺下了，我已經十多天沒寫東西了，很不習慣，我就拿了一塊木板，頂在自己的腹部，就在那裡寫。開始是寫著玩的，寫著寫著，像小說了，這就是後來的〈哺乳期的女人〉。我的手上一點力氣都沒有，筆畫特別輕。這是一九九五年的事，現在回憶起來，那是我的第一個高峰，怎麼寫怎麼有。寫完了以後我就給《作家》了。

張　莉：當時就想著寄給《作家》？

畢飛宇：具體我也記不得了，反正就寄給宗仁發了。

張　莉：這個小說不錯。

畢飛宇：多好也說不上，但是，宗仁發喜歡這個小說，那是一定的，以往，《作家》都是中篇第一欄，短篇第二欄。到了這一期，宗仁發把短篇放在了第一欄，這就可以保證〈哺乳期的女人〉成頭條了。後來這個小說得了許多獎，還得了第一屆「魯迅文學獎」。不過說心裡話，那時候我的心思真不在這裡，我的心思全在我的胃上，就想著別再出大事。大出血對人的心理的確是有影響的，視覺上很嚇人。我一直不敢喝酒，心理上懼怕，大出血太嚇人了。

張　莉：我喜歡這個小說。快二十年了吧，這小說讀起來一點兒也不過時，——聽說現在拍成電影了？看到過報導，說國外反響很不錯。

畢飛宇：剛剛拍完，電影的名字是《餵我》，上個月剛剛在蒙特婁國際電影節獲得了最佳創新獎。

8 告別先鋒的〈敘事〉

張　莉：還有《收穫》，《收穫》是首發《平原》的，你在《收穫》上發的沒那麼多。

畢飛宇：對。

張　莉：《平原》這個名字是程永新起的，這是你特別重要的一部長篇。發表後也有影響力。

畢飛宇：其實我在《收穫》上還發過一個中篇，那個我特別喜歡，叫〈敘事〉，這個作品被提起的概率很低。

張　莉：評論資料裡被提及得很高。

畢飛宇：是嗎？我早期的小說裡面，對這個作品我是有特殊感情的，這是一個告別之作，告別什麼呢？告別先鋒實驗。我對自己說，最後一把，你撒開耍，想怎麼弄就怎麼弄。你知道，寫這個小說是一九九四年的事，一九九四年，我三十歲了，我該想想未來的寫作道路到底該怎麼走了。但是，無論怎麼走，先鋒這條路我不可能再走下去了，道理很簡單，路已經死了，還有一條，我再怎麼弄，那也是步人後塵的，我都三十歲了，我怎麼能允許自己還幹這個呢？

張　莉：在那個時候，先鋒寫作誇張一點說恐怕已經是「窮途末路」了。一個年輕人想找到新的路可以理解，但是，怎麼找這事很重要。

畢飛宇：我很想岔開來說一件事，那時候中國的文學界有一個說法，說讀中文系的作家都不行，很多人都信了，搞得我們這些讀過中文系的人都沒有信心，但是，我是不信邪的。行不行誰說了都不算，寫了才算。我覺得我們這些從中文系出來的人有一點好，那就是有文學的大局觀。我看出了先鋒小說的問題，那我就不能再這麼急著往下幹。

張　莉：我能理解你的意思。但其實中文系的不行這句話完全是偽問題吧，蘇童、格非、賈平凹可都是中文系畢業的。我不知道你為什麼對此事這麼較真，大概當時也是年輕人的緣故吧。當然，我相信當時不僅僅是你一個人看到了先鋒小說的問題，包括余華，他也應該看到了這問題。更重要的是尋找創作方向，找方法，找適合自己的方法。經常的情況是，許多作家的創作談談得特別好，比學者批評家談得都好，什麼都知道，可一動手就不靈了，他寫出來的小說跟他談的創作觀滿擰，完全不靈。我相信，如何尋找到自我轉型的道路並成功實踐對一個作家最困難，應該是那種「難與外人道也」的艱難。

畢飛宇：那時候我已經看出了小說「人物」的潛力，大家都忽視人物，那我就不該忽視。既然打算告別先鋒了，那我總得留下一點什麼，〈敘事〉就是在這樣的精神背景底下上手的，〈敘事〉我寫得極為放肆，哪怕它「不像小說」我也在所不惜。怎麼說呢，就是「去他媽的」那種心態。〈敘事〉發表之後黃小初對我說：「飛宇啊，你生不逢時啊，你要是早個五、六年寫出〈敘事〉就好了。」是的，我同意，一九八九年之後的幾年，那是怎樣一種文學的生態，蕭條，說淒涼也不為過。可是我也沒有沮喪，寫先鋒小說我的確是生不逢時的，但是，文學不只是先鋒這一條路，對吧？小說擁有無限的可能，我要做的是趕緊做自己，別再跟了。所以，一年之後，也就是一九九五年，我的〈哺乳期的女人〉就寫出來了。作家的寫作脈絡為什麼有意義，許多時候，你單獨地看一個作品，你所知道的只是「好不好」，但是，把它放到一個大的脈絡裡去，它的創作思路就呈現出來了。小說不是邏輯，但是小說與小說之間是有邏輯的。作家的價值其實不只在作品本身，也在作品與作品的邏輯裡頭，這個邏輯說明了一件事，你到底是一個什麼樣的作家。

張　莉：回過頭來看，當時那批先鋒作家比如余華、蘇童、格非他們，也是這樣做的，哪個先意識到你剛才說的這個問題，哪個人的寫作就打開了新空間。余華應該最早吧，雖然我沒看到他具體談起人物的重要性，但是「福貴」和「許三觀」兩個人物的問世就說明了一切。時隔多年，格非創作出了《春盡江南》，之所以廣受關注，也因為他筆下的人物開始活生生扎在現實土壤裡了。你們是殊途同歸。

畢飛宇：〈敘事〉的寫作一定是特殊的，特殊在哪裡呢？我記不得具體的寫作現場了。我有兩個作品無法還原寫作的現場，也就是記不住了：一個是〈地球上的王家莊〉，是〈玉米〉和〈玉秀〉的間隙寫的，幾乎就像玩一樣的，也許半天就寫完了，像打了一個盹，像做了一個夢。另一個就是〈敘事〉，我估計〈敘事〉寫得飛快，差不多沒有什麼障礙。我有一個好名聲，說，飛宇寫東西愛「打磨」，這句話是對的，寫完了，我真的會修改很久，但是，這句話也不對，在第一稿，我是飛快的，有時候手都來不及寫，年輕的時候尤其是這樣。〈敘事〉一定是一個「飛快」的作品，它有年輕男性的體氣，很衝。另外我想告訴你一件事，〈敘事〉寫完了之後我經歷了一段很糟糕的時段，就在這個糟糕的時段之後，我得了一些文學獎，外界以為我得意洋洋的，其實一點也不是，告別先鋒，說起來容易，你的下一步到底該怎麼寫呢？我非常徬徨。一九九五年到一九九七年，這兩年我是垂頭喪氣的，總覺得有勁使不上。外界對我一直有一個誤解，以為我的寫作很順，不是這樣的，我只是不習慣傾訴罷了，傾訴又有什麼用呢？寫作這玩意兒，在某些特殊的節點上，沒有人可以幫助你的，你別指望什麼，除了硬著頭皮往下寫，沒有任何好辦法。

張　莉：寫字的人最重要的是老實，鐵凝在河北時寫過一個文章說，「寫作實在需要大老實」，我很年輕的時候讀到的，忘不掉。寫字的人不能對自己含糊，就是得寫，不斷地寫，以寫作來尋路，以寫作來證明。除了寫作，作家沒有第二條路能證明自己。

畢飛宇：你知道我為什麼如此感謝敬澤嗎？是他幫助我打開了心結，有一天，他對我說：「寫不好，你還寫不壞嗎？大不了寫個爛東西唄。」我自認為沒有寫過爛東西，但是，我真的也不怕寫出爛東西，是啊，萬一寫個爛東西真的也無所謂的，只要你真心喜歡，不喜歡就不寫，拉倒。你知道的，作家的一生都在「過關」，一個又一個的「關」，遇到問題我就和敬澤聊，聊到他精疲力竭為止。

9 為人的姿態

張　莉：有個地方對你來說很重要，愛荷華寫作營。

畢飛宇：我去愛荷華寫作營是二〇〇六年，你不能說一次訪問就對我的寫作產生什麼大的影響，天下沒有那麼神奇的事，但是，別的影響還是有的。

張　莉：比如……？

畢飛宇：文學教育。我們中國一直流行一個說法，作家是天生的，不是教育出來的，美國人偏偏就不這麼認為，他們認為作家是可以教的，我親眼目睹了愛荷華大學的文學教育。說起來他們的教育倒也簡單，那就是討論，我一看就樂了，我不就是一直和朋友們討論的嗎？還省了一大筆學費。他們那個課堂哪裡是課堂，就是七嘴八舌。

張　莉：暢所欲言，充分調動學生的主體性。

畢飛宇：是的，這個印象我非常深。另外是心態上的，你知道我們中國的特殊國情，許多人都在抱怨，作家這樣，作家那樣，實際上憑良心講，小說家在中國的地位不是不高，而是太高了。在歐美，除了少部分大作家，大部分作家的地位沒那麼高。美國有一個大詩人，施奈德，真是大神級的人物，他普普通通的，沒有一點職業的驕傲。我從他們為人的姿態上學到了很多東西。

張　莉：為人的姿態是什麼意思，如何與人相處？

畢飛宇：對，也不對。不只是一個和人相處的問題，和人相處其實有它的技術性，我說的是一個自我認知的問題。作為一個作家，你必須確認並保證你是一個普通人，這個「普通人」不是電視上那些大明星所說的「我就是一個普通人」。這不是一個世界觀的問題，也不是一個人生觀的問題，這是一個藝術上的倫理問題。的確，如果你不再是一個普通人，你就很難是一個小說家。

張　莉：我想到「體驗生活」這個詞，當一個人說他要「體驗生活」的時候意味著什麼，意味著這位作家沒把自己當普通人。——在愛荷華寫作營的經歷影響你看自己和自己的作品，或者影響你看中國文學嗎？我的意思是，你在中國的時候看中國文學是這樣的，而你去了另外一個空間，站在那個角度，對中國文學的看法是否會發生改變？

畢飛宇：對，我在北師大做過一次演講，說的就是這個。去美國之前，我從來沒有考慮過作家的「身分」，我是一個中國作家，我用漢語寫作，這個還要面對嗎？要的。我在愛荷華認識了南美的作家、非洲的作家、大洋洲的作家和亞洲的作家，直到這個時候，我才知道作家用什麼樣的語言寫作其實「是一個問題」。

張　莉：用何種語言書寫表明這個作家認同哪種語言和表達方式，也就是意味著他認同哪種文化。

畢飛宇：你知道的，十五世紀後期，大航海開始了，換句話說，殖民主義時期開始了，從此之後，對一些作家來說，生活的語言和寫作的語言就此剝離了，我認識一個象牙海岸的女作家，她說，她每天和她的家人用母語說話，但是，一回頭，她必須用法語去寫作，為什麼呢？她的母語被法語殖民了，她的母語只有幾千人在用，如果她用母語去寫，一定養不活自己，她也不甘心，可是，用法語去寫作，她同樣不甘心。她說這些的時候沒有什麼情緒上的變化，可是，我的情緒有變化。我看到了命運，語言的命運，人的命運，一個人使用語言的命運。

張　莉：語言的複雜性。一個人與他所使用的語言之間的關係，伴生著許多「政治問題」。以前我們總強調普通話的重要性，後來我接觸很多其他民族的朋友時，我突然意識到，其他語種也重要，尊重非漢語的表達，是對非漢族人的尊重。

畢飛宇：殖民時期是一個樣，後殖民時期則是另一個樣，我們這些人沒有受到後殖民時期的影響嗎？受到的。先鋒小說的早期，一個中國作家如果學博爾赫斯學得很像，那是一件令人羨慕的事情，你看，他的小說多牛，都有西班牙語小說的痕跡了。這裡頭其實也有一個潛在的身分轉變問題。如果沒有愛荷華的三個月，我不會去關注這些的。

張　莉：問題是，有西班牙小說痕跡又怎樣呢？今天看來這樣讚美太可笑了。當時不覺得，現在回過頭來想一定可笑極了。這其中也有「政治性」元素。你說的這個衝擊很重要，當一個人的語言與身分意識開始覺醒，他的空間觀念肯定會不一樣，寬闊了。

畢飛宇：這裡面有一個二律背反，一個小說家真正內心上的拓寬，不是以拓寬的方式體現的，是以縮小的方式體現的，比如說我在年輕的時候，內心在不停地拓寬，不停的涉獵各個國家的小說，東歐、西歐、拉美，中國的古典，這樣一個擴張的過程，某種程度來講，也是一個自我喪失的過程。

張　莉：我突然想到《繁花》。它之所以引起廣泛關注，就是小說使用的語言。金宇澄用的是改良了的上海話。在所謂正統的普通話面前，這種來自江南的語言應該說是一種地方方言，一種「少數語言」、邊緣語言。通篇不用字正腔圓的北方話，《繁花》流露出它的追求——希望從傳統／邊緣語言中汲取新異力量。《繁花》因無視普通話內部的鏗鏘有力的節奏而具有了一種奇異的慵懶舒緩多情的南方性。江南語態的使用，也使那種與北方普通話完全迥異的語言活力被喚回。簡言之，這樣的語言系統有一種「作舊」功能，它為讀者提供的是與「舊」和「傳統」有關的裝置，它使我們看待當下生活的眼光發生了變化。它使我們有機會變成旁觀者，認識到我們自己的生活變成了一種風景。閱讀《繁花》使我們認識到，我們身上潛藏著古人，潛藏著古人日常生活中的「老靈魂」。讀《繁花》，會深刻感覺到來自一種語言內部的顛覆力，語言不僅僅是語言本身，是身分，是立場，是文化政治。——我們還是回過頭說愛荷華吧。

畢飛宇：在經歷了愛荷華的過程以後，我充分確認了自己的文化位置，內心的半徑貌似小了，其實是大了。知道漢語在世界文化裡面意味著什麼。但是，如果你一味地拒絕，拒絕外部的東西，你那個縮小就真的成了井底之蛙。我想我不會成為一個狹隘的民族主義者，但是，我渴望成為一個漢語作家，這就是我現在的一個基本願望。

張　莉：要這樣說的話，比如說你後來寫的那個〈大雨如注〉，雖然離那個時間點有點遠，但是它肯定是一個反射。當然，愛華荷寫作營的經驗也不一定總是某個作品的反射，可能是全方位的。——談談聶華苓吧。

畢飛宇：聶華苓有一個習慣，她每天晚上要喝酒，喝完了，她喜歡聊天，我覺得最神奇的一個地方就是她跟我聊胡適。她和胡適有過不愉快，這個我知道，可是，當她對我說這個的時候，我還是有穿越感。對我來說，胡適是一個標準的歷史人物了，可是，聶華苓的眼睛盯著過他，而聶華苓現在正看著我，這讓我有點慌，有點激動，也有點偷窺的感覺。不管怎麼說，和「歷史老人」待在一起是一件美妙的事情。

張　莉：她變成了一個連接點。

畢飛宇：我認識她以後，我覺得我的人生歷史特別長。

10電影《推拿》

張　莉：當時跟你在一起的還有婁燁，你們兩個有很多的爭吵，現在《推拿》也是給他拍成電影了，能說一下婁燁嗎？

畢飛宇：二〇〇六年對婁燁來說是非常特殊的年分，因為《頤和園》，他被剝奪了拍電影的權利，我認識他的時候，他剛剛被禁，五年。

張　莉：我知道。

畢飛宇：現在回過頭來看，我有很多做得不妥的地方，我沒有充分體諒他的心情，那時候婁燁的戰鬥性特別強，喜歡和我辯。我也喜歡和人辯論，這是沒有問題的，但是，如果和他的辯論不是發生在那個時候，只要換一個時間段，那就好了。

張　莉：可你們也因此成為好朋友了。

畢飛宇：那當然。可你要知道，導演一般在夜裡工作，他們熬夜的能力很強，而婁燁偏偏又很能喝，你想吧，深夜一點，我要睡了，他喝得也差不多了，跟打了雞血一樣，他來了。後來我指定一個遊戲規則，辯論可以，但辯論之前不許喝酒。這傢伙喝了酒之後很可愛的，有一個口頭禪：「——你別說，——你聽我說！」

張　莉：你看電影《推拿》了吧，拍得怎麼樣？

畢飛宇：電影其實早就拍完了，但是，婁燁特別認真，後期需要一年，這樣算起來的話，剪好了最起碼要到二〇一四年的二月。我在今年（二〇一三年）夏天看過，我個人非常喜歡，但是，我沒底，我估計到了公映的時候，我看到的也許是另一部電影。你知道婁燁的素材片拍了多少嗎？說出來可能都沒有人相信，兩百個小時。我不知道這算不算中國電影之最，我認為差不多了。這意味著什麼呢？他可以利用這些素材剪出不同的三、四部電影，我覺得這是瘋狂的。不管怎麼說，把《推拿》交給婁燁都是一件讓我喜悅的事情，他是我最喜歡的中國導演。我在美國的時候看過他的《頤和園》，一位墨西哥詩人告訴我，他太吃驚了，中國居然有這樣的電影。在我的心目中，中國有我最喜愛的三部電影，《霸王別姬》、《秋菊打官司》、《頤和園》。

張　莉：很多人知道婁燁導演《推拿》都特別吃驚，不像他的風格。恐怕對他來說是一個自我設限，自我挑戰。所以，我很期待。我對電視劇倒沒那麼驚喜，大概跟我對原著太熟悉有關係，我太了解原著了。說句實在話，不是偏心，電視劇裡面只要涉及到盲人的，都拍得很不錯，附加人物都有些問題，有點硬。這是第一點。第二，我還是覺得編導者跟你的追求有差異，當然這個也是可以理解的。大概康洪雷覺得電視是大眾媒體，要遷就更多觀眾的審美。

畢飛宇：對我來講，影視話劇好和不好，對我來講真的已經不重要了。為什麼呢？中國有兩千三百萬盲人，八千五百萬殘疾人，這個數據一定要知道，這是一個太龐大的數字。這樣一個龐大的人群，在十三億人口的中國裡，那麼長時間，沒有得到有效的關注，我覺得這個是不能接受的現實。小說呢，渴望做這個事情，但是我必須老老實實的承認，以目前中國小說的影響力來說，它做不到。因為電視劇、電影和話劇，你看今年秋天以後，那麼多的人，我所路過的地方，大家都在談論殘疾人問題，我是非常欣慰的。

張　莉：也是功德無量。

畢飛宇：在這樣一個大的態勢面前，電視劇好不好，話劇好不好，我真的已經跨過這個問題了。

張　莉：其實電視劇應該拍得更好，本來他們也都是很好的創作班底，我不知道他們為什麼要那麼改。

畢飛宇：也許電影可以給大家帶來一個驚喜。

張　莉：很期待。

11　《青衣》、《玉米》的譯介

張　莉：講講葛浩文吧，我之前和他有過一個叫「感受力與理解力：兩代研究者關於蕭紅的對談」的對話，但沒有機會問他對你小說的看法。莫言獲獎後，大家似乎重新認識了葛浩文，他是向國外最早介紹《紅高粱》的。他和林麗君翻譯過《青衣》、《玉米》，你怎麼看他的翻譯。

畢飛宇：葛浩文在我的耳朵裡面永遠是一個充滿爭議的人物，一部分人覺得他特別好，敬業，一部分人覺得他不敬業。這兩種聲音我耳朵裡面都有。但是我可以很負責地告訴你，他很敬業，每一次翻譯我的作品，我們都有很多郵件，這些郵件證明了他對工作是多麼的認真。至於他翻譯得好不好，我真的不知道，我的英語水平不足以判斷他的英語。這些日子我們一直在討論《推拿》，他問了許多問題，每一次我都盡可能詳細地告訴他。

張　莉：《推拿》也是他翻譯嗎？

畢飛宇：也是他翻譯的，當然，還要加上他的太太林麗君。

張　莉：你們怎麼認識的？

畢飛宇：說起來很早了，一九九四年，我發表處女作才三年，他那時候還在科羅拉多大學工作，有一天，我收到了他的來信，他要翻譯我的〈祖宗〉，那時候我根本不知道葛浩文是誰，也沒拿他當回事，突然有那麼一天，一個朋友到我的家裡來，在我的書桌上看到了葛浩文的信封，很吃驚，我這才知道了葛浩文這個人。二〇〇八年，我們第一次在倫敦見了面，在一次會議上，葛浩文上去做了一番演講，他的太太對我耳語，說，他正在吹牛呢，說你是他發現的中國作家。我說，人家可沒有吹牛，事實就是這樣的。

張　莉：他們這種夫妻檔，一個美國人，一個臺灣人的組合做中譯英很有優勢，至少看起來有品質保證。

畢飛宇：葛浩文是一個標準的美國人，特別好處，和那些歐洲的教授比較起來，他率性多了，見面的第一秒鐘就像認識了十年了。這是一個活力無限的傢伙，招女孩子喜歡。比較下來呢，他的太太更像一個臺灣的女士，溫婉，原則性卻很強，工作嚴謹。到目前為止，我的英文翻譯都是他倆聯手完成的，《青衣》、《玉米》，還有現在的《推拿》。

張　莉：你其他的翻譯，我不太知道，有一個叫何碧玉。

畢飛宇：何碧玉是法國的，巴彥也是法國的。實際上我在法國的翻譯者前後有三、四個，德語、荷蘭語翻譯也是不同的人，比較下來義大利語的翻譯有點特殊，一個叫瑪麗，一個叫莫妮卡，她們兩人一個漢語好些，一個文學好些，她們的合作一直很好。

張　莉：法國銷量怎麼樣？

畢飛宇：銷量不怎麼樣，這個問題我們不能吹牛。我的書銷量最好的是荷蘭語的《青衣》，一萬冊，然後是法語的《玉米》，八千冊，其餘的，也就是三、四千這樣。我在法國一共出了六本書了，有了讀者，所以呢，基礎就要好一些。最慘的是德語，三千冊，賣了三年，勉強賣完了。

張　莉：你對這些翻譯的總體印象怎樣？

畢飛宇：總體上來說，目前還很活躍的是上世紀六、七〇年代在中國學習漢語的那撥漢學家，他們在各自的國家都有了地位，他們對中國的了解也更深入。因為那個時候的資訊不發達，學習的工具也有限，所以，他們都有苦讀的經歷。當然，這一撥翻譯家年紀都比較大了，未來一定屬於年輕的翻譯家，西雅圖的那個艾瑞克就很活躍。

張　莉：他翻譯過〈大雨如注〉。

畢飛宇：對。

張　莉：我看到《路燈》（《人民文學》英文版）裡他的譯文。

畢飛宇：說起翻譯這個話題，我的內心是非常輕鬆的，聽天由命。你不聽天由命又能怎麼辦？在我這一撥的作家裡，我的翻譯作品是最多了，可是，老實說，我幾乎不把這個東西當回事，遇上一個好翻譯，固然很好，遇不上，那也沒有什麼好失望的。我所理解的翻譯是一件很宿命的事情，你的哪一部作品遇上什麼樣的翻譯，你一點都做不了主，這個和你的寫作是完全不一樣的。寫作我可以全力以赴，翻譯你一點力氣都用不上，所以啊，要瀟灑。我注意到一件事，不少人對走出去比較急，這玩意兒，你再急也沒用，反而把自己弄得很難看。

張　莉：《玉米》在美國的反響似乎也不錯，我看到了《紐約時報》的書評。

畢飛宇：嗨，在《紐約時報》、《世界報》、《泰晤士報》上發過書評的中國作家多呢，不過咱們得有點尊嚴，體面一點，不要一看到國外的書評就一驚一咋的。我為什麼要說這個呢，因為西方的記者有一個特點，用形容詞比中國的記者膽子大，這個其實是文化的不同，中國人說「好」的作品，西方人一定說「偉大的」作品，中國人說「挺不錯的」，西方人一定說「傑作」。在這個問題上我們一定要淡定，如果你在西方待得時間比較長，你會發現每一天都有「偉大的作品」和「傑出的作品」出版。我是一個體育迷，時常看西方的足球教練讚美自己的隊員，一個月下來，你差不多能把所有的形容詞都學會。在這個問題上真的不能太當回事，是文化上的不同。中國人說什麼都是收著的、留有餘地的。中國作家在西方沒那麼熱，即使是莫言得了諾獎了，整體的格局還是這樣，比十多年前好一些而已。還有一點，西方人也沒有把諾獎看得那麼重，他們經常在一些酒會上隨隨便便地就把諾獎「授予」給你了，客套話罷了，屬於下酒菜。

張　莉：難得你這樣冷靜和清醒。

畢飛宇：說起翻譯，這裡頭還是有一些規律性的東西的，凡是有過殖民史的國家，他們在文學的口味相對就開放一些，這不是說殖民的好話，我想你懂我的意思，事情就是這樣，凡是沒有殖民史的國家，相對保守一些，對外來文化、外國文學的接納就困難一些。

張　莉：這樣，倒是有道理的。

12 南大教授

張　莉：你現在的單位在南京大學，這是你整個人生中至關重要的一步。

畢飛宇：我去南京大學，這完全是一個不可思議的事情。我讀高中的時候，很神往南京大學，但是，以我當時的實際能力，也就是想想罷了，對我來說，數學是一把刀，一刀就可以把我弄死。

張　莉：有一個說法，你曾經想考南京大學的博士，屬實嗎？

畢飛宇：屬實。我打算考丁帆教授的，我還把這個消息告訴潘向黎了，我說，來報考南京大學吧，做我的師妹。由於英語的緣故，這事情後來就不了了之，向黎的英語也不怎麼樣，可人家的日語好哇。一年之後，向黎來南京了，我問她有何貴幹，她說，做你的師妹，來報到。嗨，羞愧死我了，我只能老老實實地給人家背包。

張　莉：哈哈，真有戲劇性，又過了幾年，你來南大當教授了。

畢飛宇：我沒有想過有機會來南京大學。我來南大，不能說我多出色，只能說，南京大學太出色。如果沒有南京大學開放的傳統，我想我不會有機會。南京大學不拘一格、崇尚自由，這一點特別寶貴。

張　莉：南大有對風骨的追求和守持。

畢飛宇：是。

張　莉：所以這裡的學生可以寫出《蔣公的面子》。

畢飛宇：南京大學有一種很特殊的氣質，那就是知識分子氣，文人氣，這種氣息在許多中國的高校裡頭已經蕩然無存了。南京大學還保留了這種東西，這是難能可貴的。就說《蔣公的面子》，這齣戲至少說明了兩件事：第一，南京大學文學原創的香火從來沒有熄滅；第二，南京大學自由的空氣。我不會喪失理智，把《蔣公的面子》捧到天上去，但是，為什麼南京大學有這齣戲，其他大學沒有？這是很說明問題的。一齣戲真的沒那麼重要，但是，一齣戲的誕生有時候比一齣戲本身更要緊，我一直這樣說，誕生李白比李白重要，誕生魯迅比魯迅重要。

張　莉：自然，土比花重要。要有好花，須有好土。

畢飛宇：我熱愛這個東西，跟我喜愛南京大學的那幫朋友，在本質上其實是一回事。我喜愛南大，能成為南大人是我的驕傲。

張　莉：我從報紙上看到，勒．克萊喬也到南京大學任教了。

畢飛宇：是，這個是許鈞教授一手操辦的，許鈞教授翻譯過勒．克萊喬的《訴訟筆錄》，他的博士袁筱一女士翻譯過《戰爭》，他的另一個博士高方翻譯過《奧尼恰》，他們的私誼想必不錯。我想強調一下，這可不是一般的客座教授，掛掛名的那種，是正式的，勒．克萊喬每年都要給南大的本科生上課。

張　莉：去南大，你猶豫過嗎？

畢飛宇：也猶豫。我怕上講臺，也怕每一年的學術評估，考評。

張　莉：是，這個很麻煩。

畢飛宇：其實我並不怕講臺，我的專業就是師範，學的就是上講臺，我在講臺上一點問題都沒有。我怕的是南京大學的講臺。你要知道，南京大學的講臺在我的心目當中很有分量，那可不是隨便上去的。如果我是小說家的身分，那個沒問題，我所說的都是個人的見解，即使有史學上的口誤學生也會原諒，可是，以教授的身分站到講臺上去，那是不一樣的，雙方的要求都不一樣。我的性格又不允許我在講臺上擺爛，我只能把許許多多的精力花到科研上去，那我的寫作怎麼辦呢？南京大學好教授一大堆，我在學術上幾斤幾兩，我自己是有自知的。南京大學充分考慮了這些情況，做出了一個讓我喜出望外的決定，是書面的，我和過去一樣，安心創作，不上課，不搞科研，不考核。大學真的是有大小之分的，這一切都取決於它有怎樣的胸懷。

張　莉：我倒是覺得，尤其是你在《玉米》以後的很多創作價值追求，或者是文學追求，在某種程度上和南大精神並不相悖，當有人說畢飛宇是南大教授的時候，外人會覺得這個人和他的作品跟南大放在一起很襯。

畢飛宇：還是你解釋得好。

張　莉：我是旁觀者。

畢飛宇：中西方文學史、語言學、文藝美學、經典解讀，南京大學有足夠好的師資配置，不需要我去添足，可我畢竟在文學創作上做了近三十年了，在這個方面，我可以給年輕人提供幫助。文學的宏觀教育我做不了，但微觀教育我有我的優勢，我這話的意思是什麼呢？如果有一天，我在南京大學遇上了一個高度熱愛寫作的年輕人，這個我不會袖手旁觀，我會給他最大的幫助。

張　莉：我們中國有一個傳統的說法，作家不是培養出來的，但是現在看起來，這個說法值得商榷。復旦大學創意寫作中心很培養人，比如小甫吧，甫躍輝，他很有勢頭，我喜歡他的小說，他是王安憶老師的學生，讀他的小說能感覺到他起點高，藝術修養好。南大這邊也很有希望出好作家的，江蘇本來就出作家，看你的吧。

畢飛宇：這個問題我們剛才其實已經聊過了。高校中文系不培養作家，這是上世紀八〇年代的一句文學格言，其實這句話非常可笑。中國的高等教育在四九年之後就不正常了，到了文革，徹底癱瘓了，許多熱愛文學的人不是不想接受高等教育，而是沒法接受，莫言是這樣，余華也是這樣。那時候出現了許多工農作家，他們有生活，也寫了一些好作品，「高校中文系不培養作家」就這麼來的，你能說莫言和余華讀了中文系就不會寫作了嗎？沒道理的。在今天的中國，你放眼看看，越來越多的作家是大學中文系出來的，西方的許多作家也是寫作班培養出來的。你沒有基本的才能和熱愛，中文系的確沒有辦法，但是，如果你有足夠的才華和熱情，讀中文系只有好處沒有壞處。文學不只是實踐，也有修養的問題，比方說，美學、語言學、史學、認識論，這些其實都是一個作家必備的，在這些問題上，如果有一個比較系統的訓練，作家的持久力會好很多。有一件事差不多已經得到公認了，中國的作家寫作生命比較短暫，這個原因當然是多方面的，但是，學養不足是最致命的一個原因。

質地

1 物理學之後

張　莉：你被陳曉明老師命名為「晚生代」或者新生代，也有一些批評家認為你是先鋒文學的。晚生代、先鋒文學一度是你的標籤。施戰軍老師有個印象記，他說，當年有人說你是樂團演奏中的首席小提琴，但在他看來，你越來越像個獨奏者，鋼琴家。沒有樂隊指揮，也沒有轟鳴作響的協奏襯托，一個人就是一個樂隊。這個說法很有意思。

畢飛宇：這個跟先天的個性也有關，我天生不喜歡合唱，我不可能成為合唱團的一員。我不認為我是一個適合於在流派的作家，當我一旦意識到我有可能成為流派中的一員的時候，我一定會另闢蹊徑，這是我的本能。

張　莉：一開始的時候，你很「形而上」。吳義勤老師說你是「感性的形而上主義者」，很貼切啊，你迷戀過馬奎斯、博爾赫斯，後來又都放棄了，你說過這個改變中經歷了「千山萬水」，讓你找到轉變的小說是什麼？

畢飛宇：我要說，就思維的品質而言，我總體上是形象大於邏輯的，這是我的神經類型，我想我並不具備哲學家們的那種抽象本能，那種純思辨的、形而上的能力，當然，因為喜愛哲學的緣故，基本的閱讀能力是有的，基本的邏輯能力也具備。對我來說，這些都是我小說能力的一些補充，當然了，在我還年輕的時候，我放大理性的部分，你一定讀過〈是誰在深夜說話〉，還有〈敘事〉，〈雨天的棉花糖〉，這些作品都有我早期閱讀的痕跡。

張　莉：這些小說很不錯，但早期的其他一些小說有點兒讓人讀不下去，你的轉變軌跡很清晰。

畢飛宇：我喜歡在小說中「想」，這是我所喜愛的一件事，尤其在早期。所謂「形而上」，哲學上的解釋是「物理學之後」，這個「物理學」當然不是我們今天所說的「物理」，它是指具體的學科。但是，如果你想進入世界的內部，你力求探尋本質，那個「物理學」就無能為力了。我是一個好奇心極強的人，直到今天都是這樣，我就是好奇，一見到有趣的東西我就想把它打開來，所以我特別愛看醫院裡的手術。好奇其實就是一種驚異的心態，亞里斯多德說過：「哲學起源於驚異。」對我來說，哲學真的就是這麼回事。我哪裡是什麼「形而上」呢？我只是好奇，驚異。我對那些非物質的、規律性的東西更好奇一些而已。這樣的心理特徵同樣體現在我的小說裡，我喜歡心理描寫就因為這個原因，我還喜歡分析生活，這個就有點不妙，有人反對。那麼好吧，我就刪掉一些。我的第一稿和定稿的區別是非常大的，原因也在這裡。不管怎麼說，我在初稿裡必須那麼幹，我需要那些篇幅，只有這樣天馬行空一番，我才舒服，才能過癮。我至今喜歡脫離了描寫對象的書寫，無牽無掛，一大段一大段地，那樣讓我特別舒服，是生理性的那種舒服。以托爾斯泰為例，有人就是不喜歡他的思辨，可是我喜歡。有人說，如果把那些都刪了，絲毫也不影響《安娜．卡列尼娜》和《復活》的價值？真的嗎？你不喜歡你就跳過去，我可是很喜歡的。在這個問題上幾乎沒有人可以說服我。

張　莉：你後來的小說中，那些分析，那些思辨的東西，比如《推拿》裡小馬對「時鐘」的想像，沙復明對「美」的渴望，看起來已經不脫節，與小說本身很貼了。

畢飛宇：二十年前，李敬澤在一篇文章裡評價過我，他說我是一個「能力均衡的作家」，我讀到這句話的時候真是感動。我很珍惜他的這個評價，雖然我不敢當。敬澤認可我的「另一種」能力，我有一種釋放的感覺。但是我也在妥協，比較極端的是《平原》，我總共刪了八萬多字。你還記得那個右派吧？對，顧先生，在顧先生這裡我差不多刪了有四萬字。我借助於顧先生閱讀《巴黎手稿》，嘩啦啦寫了許多。寫的時候可過癮了，可是，我也擔心，我估計沒有人願意讀，所以，心一橫，刪。

張　莉：你是不是很渴望通過自己的看法影響他人？

畢飛宇：也不能這麼說，赫曼．赫塞，在中國是不怎麼流行的作家，我特別喜歡。卡繆，其實他也是一個思辨性非常強的小說家，在我心中的地位非常高。在抒情性的作家與力量型的作家之間，我個人更偏好力量型的。力量從哪裡來呢？當然是思想。其實我不太相信情感，至少有保留。這個說起來又有點糾結了，因為很矛盾，我的理性不相信感情，可我又是一個情感豐富的人，我其實是一個糟糕的人，挺可憐，一輩子都要在這些東西裡頭糾結，許多時候都很痛苦。這句話也可以這麼說，我的能力在「及物」的部分，我的興趣卻在「不及物」的那個部分，當語言離開了具體的事物，進入到抽象那個層面的時候，我往往很來勁。從物到物，從人到人，我會很快樂，但是，從概念到概念，這裡頭始終有一種讓人痴迷的力量。

張　莉：那杜斯妥也夫斯基呢？

畢飛宇：有區別的。杜斯妥也夫斯基這個作家其實不好說，你知道嗎？他就是一大堆的能量。這個作家其實是很不好面對的。他在思想上當然有巨大的力量，但是，他情感的力量同樣巨大，可是，你卻不能把他歸類到抒情性的作家裡去。他是一個特例。比較起來，我不太喜歡的是昆德拉，他的細節是有問題的，尤其是早期的東西，西方讀者，我說的是西歐的讀者，更多的還是看重他來自專制國家的作家身分。昆德拉比較生硬，他的體內液汁不夠，我喜愛的作家一定有一個前提，體內的液汁一定是飽滿的，會兀自流淌。

張　莉：杜斯妥也夫斯基身上有種混沌的力量，可以把讀者的思想和情感完全裹挾而去，像龍捲風一樣，他使讀者莫名其妙地和他產生共振共鳴，讀完他的小說，你會覺得自己看世界的眼光都會發生變化；昆德拉完全不一樣，我有一陣子很喜歡的，尤其喜歡讀他關於小說的看法，但是，他的小說本身吸引力沒那麼強。

2 歷史的腳手架

張　莉：王彬彬在那個跋裡說，你對歷史特別感興趣。你早期寫作時對歷史的那種興趣到了執迷的程度。後來許多人覺得沒了，我感覺其實也是有的，你小說裡有一種強烈歷史感，到現在也是有的。

畢飛宇：我小說裡面歷史感剝離比較厲害的是《推拿》，《推拿》的歷史感沒有那麼強。這個是我的一個嘗試。對，一個嘗試，這個我要對你慢慢說。《推拿》的寫作是有精神背景的。你知道嗎，我跟陳曉明有一段很重要的對話，他在會議上重點強調了福山的「歷史終結論」。他為什麼要說這個呢？曉明教授有一個看法，他覺得中國的小說家其實是有先天缺陷的，離開了歷史這個腳手架以後，中國的小說家幾乎不會寫作。就在這次會議上，我和曉明爭論起來了。我的理由也很簡單，一九八九年，隨著「蘇東波」的解體，冷戰結束了，「歷史」似乎「終結」了，但是，對中國作家這樣一個特殊的群體而言，歷史終結了沒有？沒有。「冷凍的歷史」還在那裡。爭論歸爭論，其實曉明的一句話還是說到了我的心坎裡了，那就是中國作家在離開「歷史這個腳手架」之後到底還能不能寫作。我是第一次對外界披露這個事情，這個話題過於專業了。客觀上，曉明刺激了我的思考。

張　莉：那是在寫小說之前就有的念頭嗎？

畢飛宇：有這個念頭。所以你注意到，在《推拿》這個作品當中，我也尋求一個極端，即便是有可能跟歷史有關的，我把它剝離了，我既然要嘗試一下，我就嘗試到底。《玉米》是標準的歷史寫作，面對的是「文革」，〈敘事〉面對的是家族史，〈雨天的棉花糖〉面對的是越戰，《平原》複雜一些，面對的是反右和「文革」。《推拿》是一個沒有腳手架的作品。它是否成功，不在我的考量範圍裡面，我只是嘗試一下這麼做。

張　莉：你和他討論是在什麼會議上，哪一年？

畢飛宇：二〇〇五年，在遼寧的錦州，一個長篇小說研討會上，他一上來就毫不客氣地批評了我，我那時候《平原》剛剛寫出來。

張　莉：他是不是覺得，你《玉米》已經寫完了，怎麼又寫了一個和「文革」有關的東西？

畢飛宇：是。他是善意的，他認為我應該嘗試一下非歷史敘事了，我知道的，他對我有期待。應當說那次會議並不愉快，當然，主要不是集中在我和曉明之間，但是，對我有啟發。今年的三月，我們在威尼斯巧遇，喝酒的時候我們再一次提起了這個話題，歷史是不是「終結」了，我至今保留我的看法，但是，一個小說家嘗試的願望和勇氣不該泯滅。也許我還想說一點別的，我很不喜歡中國文壇現在的風氣，那就是規避爭論。大家都怕一件事，那就是「得罪人」，無論遇上什麼事，都是微笑，然後呢？「挺好」，「滿好的」，大家都在比試誰更有親和力，這很糟糕。當所有的人都在爭著「做好人」的時候，這個時代就注定了是平庸的，為什麼？我們主動放棄了自由，自由熄滅了，生命就枯萎了。現實的情況是，我們只有江湖之爭，很少有真正的思想之爭。爭論是一件多好的事情哪，有趣，充滿了知識和智力的美，我和那麼多人爭論過，從來都沒有影響友誼。

張莉：關於歷史，這個我要多說幾句。一個好的文本應該有可以使作品脫離具體語境的能力，比如《平原》和《玉米》，離開了「文革」語境，小說還在那裡的，那些人那些事也是在的，這小說和「文革」並不全是點對點的關係。但是，我堅持認為，一個作家應該有他的歷史感，應該有他的歷史情懷。沒有歷史感的作家，很容易滑進歷史虛無主義。一個大作家，一定要有他的獨特的歷史感，對他所處的時代、所經歷的歷史要有獨立思考和認知能力，不能剝離，不能對歷史事件和歷史現象視而不見，一定要有介入社會現實和歷史的勇氣。前幾天讀《歷史與反覆》，柄谷行人對村上春樹小說中的歷史虛無主義進行了批評，很對。村上春樹有一種「去歷史化」的傾向，而一位嚴肅的小說家要對此保持足夠清醒。另外，關於小說是否依賴歷史，也要看我們怎麼理解歷史。比如《推拿》，你說這裡面沒有歷史嗎？小說中關於世紀之交人們內心焦灼的書寫是不是一種歷史的書寫呢？〈相愛的日子〉、〈大雨如注〉中沒有寫特定歷史場景，但它內在裡有一種深切的現實關懷，我認為這種情懷很重要。我要重複一遍，我對那種純粹脫離歷史的寫作很警惕，也反對。

畢飛宇：對作家來說，歷史真的就是一條蛇，有人怕，有人愛。害怕的人見到有人把蛇當作寵物來飼養，百思不得其解。我不會說以後的創作一定會離開歷史，不會說這樣的話，但是《推拿》這樣的作品，離開這個腳手架，我依然把這個建築給支撐起來了，我也挺高興。我覺得一個作家做這樣的嘗試是有必要的。說起這個來，我特別想補充一下。大概是一九九九年還是二〇〇〇年左右，有一天，我在一個什麼場合碰到了敬澤，他叼著菸，拿著一本刊物，看到我的時候，很不高興，他在那兒自言自語，他媽的，離開了「我」，怎麼都不會寫小說了。我把刊物拿過來一翻，整個刊物全是第一人稱小說。他是做刊物的，他敏感，我一想，天哪，那幾年我的小說基本上也是第一人稱的。第一人稱當然沒有任何不對，但是，我立即就想到了一個問題，我是一個寫作的人，如果用第三人稱都不會寫，這無論如何也說不過去。從那個時候起，我就告訴我自己，該把第三人稱小說的這一門課給補上了。小說是自由的，這個還要說嗎，可是，馮唐有一句話我特別同意，小說之所以是小說，是因為它有它的「金線」，有它最基本的一些要求，每一個「行當」都是這樣。一個作家只會第一人稱敘事，沒問題，但他一定有缺陷，這個同樣沒有問題。同樣，到了二〇〇五年，陳曉明的那番話對我也有啟發。我很敏感，和朋友相處的時候尤其是這樣，我的心始終處在一個開放的姿態裡，這個開放其實就是學習和吸收。越是喜歡自作主張的人越是要吸收，否則，你會越來越枯瘦，最後只剩下光禿禿的「我」。

張　莉：第一人稱泛濫很久了。喜歡使用「我」，其實就是依賴個人經驗，這也不是中國作家的問題，幾乎現代主義以來的很多作家都喜歡使用這樣的方式進行創作。作家們渴望創造一個有現代性特徵的自我。讀柄谷行人時，他說日本現代文學產生了一種自白制度，通過這個制度，它創造出了現代意義上的「我」和現代意義上的文學，很對。可是，這種定位方式也引發了我們讀者的新困惑，用「我」講故事，小說其實進入了一個心理和個人身分認同的領域。但如果這種敘述泛濫，也便沒有了創造性和獨特性，當所有文本中全都是「我」的時候，其實就是沒有了「我」，「我」的生活方式變成了公共經驗和公共知識。某種程度上，這種主觀性特別強的創作方式反而會成為複製記憶和經驗的藉口，使小說進入死胡同。這也會使作家忽略，小說本身應該是一個自足的空間，故事應該有自己的動機背景，一個小說人物為什麼這樣做而不那樣做，它有一個自足的在文本空間可以成立的邏輯。那種依賴個人經驗的自傳體小說方式會使作家完全忽略這一點。——說起來，當時李敬澤的說法也是「聽者有意」吧，有些人可能當耳邊風一樣聽了也就聽了，你看當時關於「我」的小說都成災了，現在也挺多的。回過頭說第三人稱的引入吧，這對你寫小說很關鍵，〈青衣〉之後，一下子不一樣了。

3 地球上的王家莊

張　莉：你大概是什麼時候就有一個王家莊的概念？

畢飛宇：沒有，我從來沒有產生過概念性的「王家莊」。

張　莉：你沒有像莫言那樣，渴望建立高密東北鄉的願望，一個文學共和國的願望？

畢飛宇：我真的沒有，文學沒那麼簡單，你想弄什麼就是什麼。我還想說《平原》比《紅樓夢》好呢，哪一個批評家會同意？老實說，我估計莫言也沒有。這些都是有眼力的批評家發現的。

張　莉：你說的不對啊，我得糾正一下。莫言有，他當然有。他很早就有渴望建立高密東北鄉的雄心了，在無數場合自己闡發過自己建立一個文學王國的宏偉願望。當然他似乎也有得天獨厚的條件，畢竟他大部分作品也沒有離開過「高密東北鄉」。之所以問你這個問題，是因為你的好幾篇小說都出現了王家莊，同時這個王家莊是有現實原型的，就是你以前生活的地方，所以你的評論裡有這些分析很正常，當然，我也分析過。

畢飛宇：好吧，這個問題我們把它放在這裡。我還是要提醒你，要看語境的，我依然不相信莫言第一次寫下高密的時候真的就是那樣想的。至於我，中國這麼大，王家莊又是一個很普通的名字，現實原型一定有，但是，我寫「王家莊」的時候內心是樸素的，即使不夠樸素，我的願望也不是建立一個「王家莊」。寫小說和生孩子是一樣的，你指望他彈鋼琴，你也努力了，可最後他踢足球去了。

張　莉：《玉米》、《平原》、〈地球上的王家莊〉，還有別的一些中、短篇，都在「王家莊」。

畢飛宇：這個你就不知道了，我只是為了省事。它們是一個時間段裡的，都叫「王家莊」方便嘛。你可不知道，每一次寫新小說，我都要為人名和地名操心。我不喜歡幹這個事情。對我來說，在小說的起始階段為小說的人物和地點起名字簡直能要我的命。我對人物的名字是很講究的，話又說回來了，誰不講究呢。其實呢，對一個作家來說，有沒有一個文學共和國，是不是建構一個文學地理，一點都不重要，如果莫言把他的「高密」換成不同的地名，莫言還是莫言，絲毫不會有半點損耗。在這個問題上，唯一覺得方便的是批評家。

張　莉：這個解釋有說服力。

4「裡下河小說流派」

張　莉：前幾天看新聞，在興化還是泰州，有個會議，討論「裡下河文學流派」，說這個區域出了很多人，包括汪曾祺、曹文軒、丁帆，吳義勤，他們老家都是那個地方嗎？

畢飛宇：都是這個地方的。裡下河地區出了許多作家，這是一個非常好的事情，我為此自豪。「裡下河作家群」的確存在，但是，「裡下河文學流派」這個說法到底成立不成立呢？

張　莉：這個問題我也很感興趣。

畢飛宇：老實說，我存疑。在這個問題上我們不能感情用事，「文學」一旦「流派」，一定有它硬性的指標，舉個例子，我們都知道京劇裡頭有個「梅派」，「梅派」之所以是「梅派」，它在行腔、吐字、規韻上一定有它的嚴格要求，在訓練的時候就要求了，老師會不停地糾正，否則成不了「派」。「派」其實就是風格，或者說，類似的風格。缺少了這樣一個基本前提，你怎麼論證，你怎麼能說會道，最後都很難自圓其說。

張　莉：看到那些來自裡下河的人名時，我著實很吃驚，居然在這個流域有這麼多優秀的作家和批評家。但是另一方面，我也覺得，如果說這是一個地理意義上的現象，這是很有意思、很值得討論的。但是要說文學流派這件事情……因為文學流派一定是這一批人有共同的文學審美追求、文本有諸多相似性，才可以放在一起說。

畢飛宇：有沒有「裡下河文學流派」，這是一個很簡單的事，只要粗略地做一下文本分析就可以。我沒有通讀過裡下河地區的所有作品，但是，就我的閱讀範圍來說，我至今沒有形成這樣的文學記憶。就說汪曾祺，汪老的小說最大的特點是什麼？或者說，他的主體風格是什麼？是沖淡，這是司空圖的一個概念吧？沖淡是極其險峻的一種美學風格，太危險了。我是學院出身的小說家，有基本的常識，反正我是不會去學汪曾祺的，沒有特殊的稟賦，沒有特殊的人生歷練，你去學沖淡，那不是找死嗎？小說也不只是沖淡這一條小路。我敢負責任地告訴你，你可以不聽：所有學習汪曾祺的人都是傻瓜。他哪裡是可以學的？學汪曾祺？開什麼玩笑。汪曾琪是用來愛的，不是用來學的，他是一個孤本，汪老的價值就在於他後繼無人。

5 寫作的難度

張　莉：大概二〇〇八年吧，我寫過一個隨筆，〈為什麼要讀畢飛宇〉，裡面提到我的閱讀感受，「如果你把對畢飛宇的閱讀當作一次有趣的猜謎，他無疑是一個充滿智慧與『狡猾』的高手。你永遠不知道他下一句會說什麼，也不可能猜中他的小說走向。這是一個高智商的閱讀對象。」你永遠不想讓讀者猜到你的小說走向，你要去哪裡。

畢飛宇：我給你講一件事，在我的童年和少年，我一直在玩一個遊戲，叫「躲貓貓」，很簡單，我藏起來，你找我，找到了，你藏起來，我找你，就這樣。把別人找到了，我就很開心，相反，被被人捉住了，我就很沮喪。這件事有些無聊，和文學的本體也沒有什麼關係，但是，我還是有一些基本的願望的，不要小說還沒開始寫呢，人家都知道你要說什麼了。從這個意義上說，我害怕被「命名」，一旦被「命名」了，我就覺得被別人「捉住」了，我的本能就是立即跑掉。你也不能說這是一個健康的心理，同時你也不好說這樣的心理就不健康，我只是實話實說。

張　莉：較勁吧，總是有意給自己設置一個難度，總想不一樣。

畢飛宇：這個話題和難度有沒有關係呢？先不管它吧。你這麼一說我突然想起一件事情來了，我是一個體育迷，每天要看體育新聞的，我給你講一件事，無論是足球還是籃球，只要在賽季範圍內，每一周都要有一個五佳球。五佳球有意思嗎？沒有意思，從功利原則來看，所有的進球都是一樣的，甚至可以說，以最小的代價進球才是最好的。可是，五佳球恰恰不是因為它的容易，而是因為它的難度。是難度構成了一種特殊的審美，或勢大力沉，這是肌體上的付出，或四兩撥千斤，這是智慧上的付出。因為難度，我們蕩氣迴腸。喬丹說過一句話：「扣籃也是兩分，可是，我們都認為它是六分。」這句話是很有意思的。在ＮＢＡ的賽場上，有一個體育倫理問題，如果一個運動員在可以扣籃的情況下選擇投籃，尤其是年輕的球員，那是要被球迷噓的，為什麼？你放棄了難度。我們不能把藝術的問題和體育的問題等同起來，可是，在審美這個層面上，對難度的選擇卻又是一樣的。我們可以把難度上的選擇上升到藝術上的倫理問題，這句話也可以這樣說，好作家必須承擔難度寫作。

張　莉：沒錯，優秀藝術家永遠都要知難而上。

畢飛宇：就我個人的閱讀來說，難度選擇幾乎就是標準。有時候，我們怕讀有難度的作品，有時候，我們偏偏喜愛有難度的作品。創作也一樣。就說語詞的搭配，有時候，為了一個詞，我們可以花上好幾個小時，「推敲」嘛。

張　莉：如果沒有對難度的渴望，藝術創造就沒有了吸引力。現在很多作品，一讀就是沒有寫作難度的，對讀者沒有任何挑戰力的東西，索然無味。我相信，成熟的批評家都在意有難度的作品，有難度的作品意味著作家有品質追求。難度是力量，也是創造性的一種體現。

畢飛宇：是啊，我又要說到二律背反了。就說小說的對話，一方面，我們離不開生活的常態，不能把人物的對話弄得不說人話，另一方面，我們又要回避這種常態，不能總是說人話，也要說鬼話，否則讀者會覺得你太「水」了。這裡頭有一個極端的例子，海明威。他的短篇，像〈吉力馬札羅的雪〉，像〈雨中的貓〉、〈白象般的群山〉、〈一個乾淨明亮的地方〉，有些對話真是「水」，還重複，顛三倒四。我嘗試過那樣的對話寫作，很難看。但是，當你把海明威的短篇讀完了，你真是覺得那樣的寫作很難，作者是花心思的，用力氣的。所謂的「冰山理論」就是這麼回事。如何「構成」冰山，這就是一個難度，需要極大的智慧，寫的人是這樣，讀的人也是這樣。

張　莉：從接受美學的角度出發，讀者對自己也有智慧期待，經歷了難度，他發現了，他體驗了，最後他也滿足了，獲得了精神上的愉悅。

畢飛宇：我覺得是這樣。你還記得〈十個印第安人〉吧，這個小說真的很容易，細一想，挺難的。這是一個湯圓式的小說，核心的部分，最關鍵的部分幾乎沒有寫，那個餡，是空的，也就是尼可的單戀女友和別人的廝混。在尼可知道真相之後，小說的結尾，尼可「好長時間才知道自己的心碎了」。我不知道你怎麼樣，反正讀到這裡的時候我的心立即就碎了。在此之前，海明威有一段交代，風大了，水漲上來了。在我看來，這幾句就是難度，它是精心的。太準確了知道嗎，像射擊手那樣，瞄了又瞄，最後，扣，每一個字都像子彈那樣穿心而過。

張　莉：這裡頭有天分，更有長期的語言訓練。

畢飛宇：我年輕的時候，有一度，我覺得海明威並不怎麼樣，我覺得他的小說我都能寫，這個發現讓我很愉快。後來慢慢地知道了，人家把難度留給了自己。附帶告訴你，就四十歲之前，我還覺得我可以寫《安娜．卡列尼娜》。牛啊。事非經過不知難，真是這樣。

張　莉：大師不是白混的，難度的要求，解決，接下來又是難度的要求，再解決，大師就是這樣一點一點上去的。

畢飛宇：你說得真是對，大師不是白混的，你怎麼炒作，怎麼熱，天天上報紙，你都成不了大師，那是需要你自身的實力的。我們現在所說的難度還只局限於小說的修辭問題，其實，哪裡只是這些。全世界這麼多的作家，經典就那麼幾部，讓時光和全世界的讀者都認可，沒那麼容易的。對自己要有要求的。對任何人來說都是這樣，能量都是從對自己的要求那裡分泌出來的。

張　莉：有一次我們現代文學館的客座研究員一起開會，討論今天如何做批評的問題。有個年輕朋友說到一個詞，批評家要做「獵手」，不要做「獵狗」。獵手就是要發現，看好了好作品、好作家，要彈無虛發。這話很形象，當時大家也都同意。回來我想，這個標準說起來容易做起來難。一個批評家，只有經過經年累月的閱讀和判斷才有能力完成對優秀作家、作品的發現。所謂難度，別人看起來沒什麼，非親身經歷者不能體會。

畢飛宇：是的。我第一次去健身房的時候，看見一個朋友在那裡臥推槓鈴，那個槓鈴嚇死我了，那麼多的鐵片，一圈一圈的，我就想，他怎麼能克服那樣的重量？五年之後，我也做到了，怎麼做到的我都回憶不起來了。我看到那些槓鈴的時候一點都無所謂，在視覺上，它就在我的能力範圍之內。後來我出國了，好久沒練，回來一看，又害怕了，上去試了一下，果然不行。你看，難度就是這樣現實，它安安靜靜，在那裡等著你。

張　莉：你是說，一個人對自己有要求是多麼重要。

畢飛宇：是，要有要求。我們的工作實踐性很強，任何實踐性強的工作都要給自己提要求。這麼一說你就知道我為什麼不停地修改作品了，我總是希望它更好一些。正因為如此，我不許別人看我的手稿。這幾乎就是我的魔咒。

張　莉：魔咒？

畢飛宇：我為這個事情，跟我父親大吵過一次，他在家裡面看了我的手稿，我非常憤怒。

張　莉：他看你沒發表過的手稿了？

畢飛宇：是的。但是，現在我無所謂了，任何時候，哪怕是半成品，你都可以看。這個很長時間是我心裡的一個魔咒，現在不了，任何時候我的半成品你都可以看。

張　莉：也只是在你看來是半成品。你知道還可以更好。

畢飛宇：是的。寫作和吃飯很像的，這裡頭存在著一個十分精確的模糊判斷。「再吃一點吧？」「不，飽了。」自己知道。有時候，就差那麼一口，你就沒飽。這個如何去量化呢？沒法量化，但是，當事人就是知道。睡覺也一樣，我還沒醒呢，還差十分鐘，被人叫醒了，一天都悶悶不樂，但是，你等十分鐘，讓他自己醒來，這就不同了。每一個職業人都對自己的工作有一種模糊判斷，這個模糊的判斷最精準。

張　莉：寫論文也一樣。能不能拿出去發表，是不是寫透了、寫到位了，寫作者自己心裡明鏡似的。

畢飛宇：我們要做的事情是不能糊弄，你一糊弄，自己明明不滿意，想，算了吧，別人不一定知道，這一來就完蛋了，事實是這樣的，別人知道，都知道，比你自己還知道。所以呢，所謂難度，其實就是這樣的意思，好好吃，吃完最後一口，好好睡，睡完最後一秒，這樣就舒服了。

張　莉：所謂難度，其實也沒那麼玄，就是盡力。

畢飛宇：當然，就是盡力。你不能要求我寫《紅樓夢》，你要是逼著我寫《紅樓夢》，我要去法院告你的，控訴你草菅人命。只要盡力，這個作品你的能力達不到，只能寫到這裡，這個一點辦法也沒有。

張　莉：在小說這裡，你是不是覺得自己已經是個行家了？

畢飛宇：是，當然是。能寫到哪一步我不知道，不敢吹牛，但是，對小說，基本的判斷是有的。寫作的過程說白了就是一個判斷的過程，一個關於小說審美判斷的過程，我每天在裡頭，小說幾乎就是我的肌膚了。道行有多深我不敢說，但是，我是小說的內行，這個沒有問題。

6 用語言確認世界

張　莉：我特別欣賞你去年寫的〈大雨如注〉。相對於〈睡覺〉，或者〈一九七五年的春節〉，〈大雨如注〉可能更能體現一個作家對社會、對文化的認識。

畢飛宇：眼睛一眨巴我就五十歲了，一棵老樹，你別指望這棵老樹給你什麼驚喜。但是話又說回來，對一個作家來說，五十歲還真不是德高望重的事。文學史就擺在我們的面前，五十歲之後迎來高峰的作家比例很高，納博科夫過了五十才開始呢。

張　莉：我們以前討論過一個問題，但以前的對話錄裡都沒有收進去過。是對文字的理解。你說，應該對每一個字負責，每一個字發表出去，不管它是在哪個雜誌上，或者是在雜誌的哪個角落，要相信，總會有人看到，讀到的那個人總會對這個文字產生反應，對這個文字的主人有判斷，所以，要慎重對待自己的每一個字。這個話對我有很大的影響。它影響了我的寫作。要給自己挑毛病，下判斷，要一遍遍刪改。要對文字有敬畏之心。從你發表作品的頻率和修改上，讀者會很容易得出結論，畢飛宇對文字有敬畏之心。

畢飛宇：敬畏之心是一個偏於理性的說法，說得感性一點，語言或文字有它的魅力，它是蠱惑人心的。就說我們這個網絡時代吧，你可以從許多角度去闡述它，可你無法否認，它在本質上還是一個語言的狂歡。每年都有大量的新語彙出現，每年都有不拘一格的表達方式。人們在轉述，其實是奔走相告，在我看來，如果網絡時代不是和語言的狂歡並轡而行的話，網絡時代又有什麼樂趣？就表象而言，所謂「時代」，說白了就是語言的另一種形式，語言是我們的思維方式，是我們最基礎、最直接的表達方式，語言也是一種建築材料，許多意想不到的建築物都是靠語言一磚一瓦地搭建起來的。時代一變，語言就變，語言一變，時代就變。

張　莉：網絡新詞語層出不窮，我感興趣的是，那些不斷翻新的語言帶來什麼新東西，新的詞語不僅僅只是新詞語，也有價值判斷和指向。比如今年流行的「土豪」一詞，很形象，也很有意味吧？一個詞語的出現或者重新被認知，代表的是我們這個時代的理解力。語言大有深意，語言意味無窮。它不是小事情，它背後的東西盤根錯結的。

畢飛宇：我已經很幸運了，能和語言打一輩子的交道，能在語言的內部尋找到自己的生活。語言真的很奇怪，我每天打開電腦之後，只要幾行，我能感覺到自己沉靜下去，我不能把那樣的狀況稱之為幸福，可是，想來想去，那其實就是幸福，自滿，自得，幽靜。對我來說，能和語言打交道真是幸運，真的有一個叫「世界」的東西嗎？未必。「世界」之所以存在，說到底是有一個表象的世界，這個表象的世界很有意思的，人類全把它們命名了，它和語言捆綁在一起了，桌子、椅子、燈光、膠片、鏡頭、訪問、反駁，我們可以想一想，把桌子這個單詞從人類的生活中刪除掉，那麼，這個被稱作「桌子」的東西又是什麼？它就不再是「存在」了。就因為語言這麼一個東西，「世界」被確認了，人和「世界」的關係也建立起來了。

張　莉：漢字看起來只是方塊，但哪裡那麼簡單？它既不是無聲的，也不是無色的，如果排列得夠好，它搭起的世界便是斑斕的、有溫度的、有光澤的、美好的，文字說到底，是雅正的心智生活。所以，近幾年，我很享受寫字，享受那些漢字拼在一起的感覺，有愉悅感和成就感。當然，也享受閱讀，我讀一位作家作品時，會看他／她對漢字的排列本領，事實上，它潛在代表了這位作家的文學修養和審美趣味。

畢飛宇：說起漢語，今年在義大利的時候，我興奮了很久，我遇到瑪麗亞了，她就是《推拿》的義大利語翻譯，她告訴我，翻譯《推拿》的時候有一段她覺得特別難，她說，就是沙復明追問「美」的那一段。

張　莉：因為那裡用的很多成語和詩句？

畢飛宇：不是，那個我不會興奮的，她說，你為了讓語言讀起來很好聽，選擇一堆「雙聲和疊韻」的詞，她說，我知道你的用意，但我找不到與之匹配的義大利語。

張　莉：哎，這個說法太了不起了。這個譯者真好，有理解力。

畢飛宇：我當時站起來，擁抱了她。我說你太牛逼了！都知道我挑選雙聲和疊韻的詞，她說，那當然，這樣讀起來有音樂感。

張　莉：她的漢語真的非常厲害了。我們本土的作者能讀到這個層面也很了不起了。

畢飛宇：不知道我有沒有誇張，我覺得我得到了幸福。

張　莉：隔海的知音。

畢飛宇：無論你寫小說的時候吃多大的苦，你會發現，是值得的。一個南京的作家為了這段文字所受到的一切煎熬，跨越千山萬水，在遙遠的米蘭，它呼應了，噹的一下，有了迴響。我很愛語言，它幾乎就是我的信仰了，我不知道離開了語言我的生活是怎樣的。

7 寵愛「人物」

張　莉：你說先鋒文學的問題是沒有人物，你是怎麼開始意識到這個問題。

畢飛宇：中國的先鋒小說是西方現代主義小說的繼承者，我發現小說人物退場不是在先鋒小說那裡，是從博爾赫斯那兒，一九九四年的夏天，我讀到了一本奇書，那就是霍金的《時間簡史》，《時間簡史》的表述很有意思，我始終不覺得這是一本關於科學的書，相反，我覺得它是小說裡的一個宏觀場景描繪，帶有天才的玄思性。我承認我讀不懂，可是，有時候，讀不懂是一種奇妙的吸引，它會激發你一點一點地讀下去。它讓我想起了另一本書，那就是康定斯基《論藝術的精神》，它也有這種特徵。後來，我又想起了一個人，那就是博爾赫斯。

我讀博爾赫斯是大學階段的事情，迷戀得不得了。可是，等我一九九四年的夏天再一次閱讀的時候，我突然發現，博爾赫斯的表述方式和《時間簡史》差不多，就是玄妙的場景，人物其實不重要，都是為場景服務的。

張　莉：這個觸動了你。

畢飛宇：我在一九九四年的時候讀小說的能力已經比大學時代提高了，我很慌。我在骨子裡是個農民，相信多子多福。我希望我有一大堆的孩子，玩頂客我是不喜歡的。

張　莉：所以，你渴望你的小說有自己的人物，希望有一個文學的家庭，兒孫滿堂。

畢飛宇：是這個意思。沒人物我總是不踏實。

張　莉：在小說中，與其說人物，不如說人最重要。如果有一天，小說中的人淪為寫作／語言實驗的工具和道具，小說的枯燥和無趣便開始了。回過頭來看，先鋒小說中的人太平面了。它完成的只是詞語和形式的革命。你開始對小說人物有想法後的小說是《青衣》、〈玉米〉、〈玉秀〉、〈玉秧〉，這些小說名字也說明，人物是你最關心的。——我想到個問題，都說你是寫女性最好的作家，這是不是從白樺那個評論開始的？

畢飛宇：應該是。這句話開始還只是小範圍的一個說法，後來，媒體知道了，媒體知道了之後，這就成了標籤了。

張　莉：人總是會被貼上各種標籤，關鍵是我們怎麼看這些標籤。

畢飛宇：關於標籤我想說幾句，從不接受，到處之泰然，這裡頭也有一個過程。我怎麼就處之泰然的呢？因為作品會覆蓋作品的，所以，問題的關鍵就變得簡單，你後面的作品有沒有能力覆蓋前面的作品。

張　莉：只要一個人強大，前面的標籤很快就會被覆蓋，過眼雲煙了。

畢飛宇：我也沒多大的野心，就是想再多塑造幾個人物。

張　莉：這個理想也不小。人物是閱讀行為中最切實的憑藉物，借助於他們，讀者和作者的情感產生交匯。我教當代文學史，講到先鋒派作品，現在的年輕人理解起來是困難的，是隔的，脫離語境以後，他和這些文本完全找不到對接，情感上的對接沒有、人物沒有，很難理解。反而今天看起來有些文學成就打了折扣的小說，比如《平凡的世界》，或者《人生》，年輕人愛看，能懂。所以，你不得不承認，人物對小說世界而言，太重要了。人物可以使一位死去的小說家不斷地重生，不朽。當我們討論賈寶玉、林黛玉就像講鄰居男女時，我們就能體會一位小說家何等偉大了，曹雪芹的意義在於，他使他的人物滲透進了我們的日常生活，婦孺皆知。

畢飛宇：寫人物還有一個額外的好處，那就是你不孤獨，你每天都要和「那個人」或「那一撥人」在一起，這讓創作的心態變得很鬆弛。當年，我信了汪曾祺，小說就是寫語言，所以，那時候寫起來特別的枯，每天都是孤家寡人。「小說就是寫語言」，這句話用於短篇也許不錯，到了中篇就勉強了，寫長篇絕對不能相信，要不然會把人弄死的。語言是一個目標，但不是唯一的目標。

張　莉：你說這個，我想起莫言的一個演說，他說，最初他是追著小說走，等他意識到建造高密東北鄉後，小說開始追著他走，他發現原來有那麼多的東西可以寫，發現自己的文學地盤活了。對你來說，可能就是發現人物之後，小說天地一下子活起來了，有很多可寫的東西了。

畢飛宇：是這樣的。

8 及物的日常生活

張　莉：日常生活是你小說世界的關鍵詞。今年獲諾貝爾獎的孟若，也是非常講究日常生活邏輯的小說家。你對日常的發現，其實伴隨著你對先鋒文學的認識。

畢飛宇：如果把時光倒退到二十世紀的八〇年代，有人告訴我，我將來的小說會描繪日常生活，弄不好我會抽他，為什麼？我覺得他在侮辱我。我他媽的怎麼可能對日常生活感興趣？那是多麼低級、多麼庸俗的事情。我的小說必須面對哲學、面對歷史你知道嗎？柴米油鹽醬醋茶，這些東西你打死我我也不會往小說裡寫。我得寫「高級」的東西，我得寫「高級」的小說。

張　莉：那時候你讀的全都是「形而上」，眼裡沒別的。

畢飛宇：說到底，這還是由閱讀決定的，我在大學時代讀梅特林克，他的《青鳥》一棍子就把我打暈了，那是完全脫離了日常的戲劇文本，人所面對的只有兩樣東西，時間，還有空間。一個人死了，一百年之後，他的愛人出生了，──這他媽的多牛啊。我熱愛這些理念，它們讓我著迷。這裡頭還有我的虛榮，年輕人的虛榮，藝術是不該和散發著體氣的日常生活沾邊的，咱們得到遠方去尋找描寫的對象。

張　莉：當時的年輕人眼睛都朝著天，不落地。

畢飛宇：後來就開始接觸中國的先鋒小說了，我有一個不成熟的看法，通常說來，中國的先鋒小說脫胎於西方的現代主義，就時空的處理方式而言，也許是的，其實，說中國的先鋒小說脫胎於西方的浪漫主義也許更合適一些。「浪漫」這個詞在法語裡頭其實就是逃避的意思，逃避什麼呢？逃避現實，不再現實，結果就是浪漫。

張　莉：這個說法有點新意。

畢飛宇：反正我開始嘗試著開始文學創作的時候，腦子裡沒有一點現實的東西，日常生活那就更不用說了。但是，一個寫作的人不可能恒定不變，他會調整自己，他會認識自己，同時也會認識文學，這裡頭既有修煉的問題，也有一個年紀的問題，人都要長大，伴隨著長大，你對生命的認知、對生活的認知、對表達的認知，都會變。

張　莉：生命的過程，其實就是不斷修為，不斷完善。我也有這種體會，以前反對的，反而成了現在熱愛的，一百八十度轉變。

畢飛宇：老實說，當我以一個小說家的身分注重日常問題的時候，我在骨子裡是痛苦的。大約在十年前，中國文壇開始時興一個詞，叫「後撤」，一個人在後撤的時候多多少少都會帶著一些不甘，這個不甘會帶來痛苦。我從此知道了一件事，我再也做不了仙風道骨的藝術家了。我當時的痛苦很具體，一方面，在理性上，我知道自己必須往那裡走，另一方面，情感上不願意。我的許許多多的痛苦就是這麼來的，不只這一件。

張　莉：同時，你也開始發現，跟日常伴隨的就是倫理，人情的倫理，用你的話來說，文學要有「俗骨」。一個好的小說家，離不開這個東西。

畢飛宇：小說總是離不開兩樣東西的，第一，它的美學屬性，也就是審美價值；第二，它的功利性，也就是社會意義。一個作家如果沒有「俗骨」，他的作品就無法支撐社會意義。王彬彬有一本書，書的名字我非常喜歡，叫《在功利與唯美之間》。要知道，在功利和唯美之間，作家是很糾結的。我沒有和別人交流過，但是，我糾結，骨子裡，做一個小說家是很難幸福的，總是有這樣那樣的問題讓他糾結。

張　莉：其實我總覺得，寫日常對一位作家是個考驗，以大開大闔的劇烈命運吸引讀者不難，如何寫出平凡生活中的不平凡，從日常生活中發現「戲劇性」是一個挑戰。現實，日常，怎麼也不該成為一位作家的盲點。

畢飛宇：是這樣的。

張　莉：這種世情倫理在你的小說裡面有一個特別的特徵，尤其在讀《平原》的時候，我當時寫評論，覺得兩個農村的婦女之間的那種說話，非常有意思。它其實傳承了中國明清世俗小說裡面的某種精華。

畢飛宇：有一次我碰到一個老作家，《平原》剛剛發表，他見到我的時候，說《平原》裡面有一部分寫得特別好，我說哪個部分，他就說端方的媽媽去找會計的時候，她的手上拿了一只醬油瓶，到了會計家的門口，她把醬油瓶放在了地上，然後，空著手進門了。

張　莉：她這麼做是有她的緣由的。

畢飛宇：好吧，我就來說說這個醬油瓶。我們鄉下的女人心是很深的，她要託人辦事，一般不會直接說，而是找一個藉口，彷彿是路過，臨時想起來的。為什麼要找一個藉口呢？因為她沒把握，怕人家拒絕，如果是路過的，被拒絕也就不傷臉面了。到了家門口，她要避免誤會，別讓人家以為是送禮來的，所以，就把一個空瓶子擱在了天井的地上。——這一來一切都順理成章了。

張　莉：心思縝密。這個人物躍然紙上，透過這樣的細節。

畢飛宇：作家要塑造人，第一件事是理解人，從哪裡理解？從日常生活這個層面上理解。如果沒有這個醬油瓶，端方的母親這個行為就很難飽滿。剛才我們說了半天的人物，現在又來談日常，在我看來，這兩個問題是一個問題，你不在日常上花功夫，所謂的塑造人物往往就會成為一句空話。同樣，如果這個日常不通過人物的動態體現出來，我們所說的日常就很難散發出它的魅力。

張　莉：重要的是，書寫者不能浮在生活的表層，浮在生活的表層是看不到那些細節的，只有當作家浸入生活，沉潛下來，這些細節才會信手拈來。因為這種日常，這小說脫離了一九七六年這個背景，還會被讀者理解，因為，我們今天還有這樣的生活習慣，或者是這種人與人交往的方式。

畢飛宇：我為什麼一定要在《平原》當中描寫那麼多的日常生活的細節？目的只有一個，就是通過這些細節呈現中國農業社會時期的基本倫理。這是第一層。為什麼寫這個基本倫理，我要告訴大家，無論「文革」的政治多麼慘烈、多麼殘酷，它永遠沒有能力去替換生活的基本倫理，這個說起來我還要感謝張愛玲，她的《傾城之戀》我讀過很多次，張愛玲不是一個做史學研究的，但是，她的這個大歷史觀對我有啟發，無論飛機大砲多麼熱鬧，影響不了基本生活的格局和底色，生活裡那些必須的部分，它們永遠在那兒。

張　莉：歷史的某一個層面，就是日常的柴米油鹽醬醋茶。歷史有它普泛性的一面，或者說是肌理。以前批評界喜歡史詩作品，以為只有寫大事件才是寫歷史，其實不是，日常本身也是歷史，另一種恒常的歷史。

畢飛宇：一九七六年發生了那樣的巨變，我想說，真正決定歷史走向的，不是政治，還是日常的倫理。我不懂政治，但是，有一句話我覺得比所有的政治理想和政治理論都有力：「生活就應該這樣，生活就是不應該那樣。」這裡頭有常識性的、鐵一樣的價值觀。

張　莉：《平原》吸引人的地方固然有日常生活，但我認為最重要的是日常歲月中人如何為亂世所裹挾的生存，亂世中人的精神氣質。傳達日常生活是重要的，但更重要的是能傳達出一種精神氣質。好作品一定要有它的精神氣質。你寫的愛情故事，人物之間的愛情，整體來講，都有共同的特點，用一句很俗的話，是接地氣的，當然，我喜歡用及物這個說法，我自己不知道其他人說過沒有，我覺得及物性，在你寫人與人的情感，尤其愛情這塊特別明顯。

畢飛宇：我印象裡面，我的小說裡面情感問題，兩性問題，每個作品裡面，多多少少都涉及一部分，但是我也很少把這個東西作為一個顯性主題。

張　莉：我想說的不是主題。前幾天看一位俄國批評家評價托爾斯泰，他用很長一個篇幅評價托爾斯泰寫人物的水平，他說托爾斯泰寫人具有「肉體性」，比如說安娜的「指尖處變細」。這是很有質感的寫作。比如《孔乙己》腿斷了之後，我見他「滿手是泥，原來他便用這手走來的」，「用這手走來的」就是及物性。我剛才說你的小說「及物」，感覺你也有這方面的追求。比如，端方和三丫談戀愛時蚊子叮的包；〈相愛的日子〉裡面的她掉的「頭髮」；《推拿》裡面金嫣問泰來自己怎麼好看，泰來回答「像紅燒肉一樣好看」，這些細節是及物的，可觸的。我的意思是，你用一種很及物的方式構造了你的人物和他們的情感。我的教學經驗裡，比如跟學生講《推拿》，我只要把上面這個例子舉出來，年輕人會會心一笑，笑得特別可愛。這種及物性，完全超越了代際，八〇後、九〇後全都理解這些人物情感了，我說的及物是這個意思。在你以前的小說裡面，比如說〈是誰在深夜說話〉這樣的小說裡面，沒有那麼及物，但是越到後面，這個特點越明顯。我很欣賞這一點。

畢飛宇：說起及物，我其實是不喜歡讓語言及物的，年輕的時候尤其是這樣。我總覺得語言一旦及物就不高級了，語言之所以迷人，就因為它可以不及物。特朗斯特羅默說：「美麗的陡坡大多沉默不語。」你能說這句話是及物的嗎？不能，它不是對「陡坡」的具體描摹，更不是狀物，它其實是不及物的，它類似於箴言，帶有某種神性。我喜歡這樣的語言，某種程度上，我後來讓語言及物其實是做了一次妥協，這個妥協也意外地發現了一個新天地。我多次說到糾結，其實，妥協和堅持之間又是一個讓人糾結的事情，你不知道哪裡需要堅持，哪裡需要妥協。這個過程不可能是舒服的。你還記得〈是誰在深夜說話〉吧，雖然作品中有人物，也有兩性之間的關係，很及物了，但是，這個小說的目的依然不在這兒。

張　莉：那個小說也是好的，但人物上呢，我總覺得沒有切膚感。

畢飛宇：我很理解你這樣說，其實，在我寫〈是誰在深夜說話〉的時候，一九九五年吧，雖然我在小說觀念上做了調整，但是，我還是很難接受完全「及物」的語言，我依然渴望跳脫。這裡不只是一個能力的問題，還是美學趣味的問題。我太喜歡那種與物質無關的語言了，有一種出汙泥而不染的聖潔。我喜歡那個東西。說到這裡我都有點懷疑我是不是真的喜歡哲學了，也許我喜歡的就是哲學的那種語言。我讀馬克思《巴黎手稿》的時候，我實在驚詫於馬克思的語言，還有霍金，還有康定斯基，還有龔蘇蘿．聖修伯里。龔蘇蘿寫過一本《玫瑰的回憶》，也許許多人都沒有讀過這本書，那本書的知名度也不高，可是，我喜歡得不行。

張　莉：我為什麼喜歡你後來的小說，覺得越來越有進步呢，就是覺得既有切膚感，也有另外的理解角度和空間，是任何一個年齡段，或者任何一個時代的人都可以理解的那個層面，與讀者情感有對接。這是寫作技術日臻完善的標識。

畢飛宇：這個是不奇怪的，一個作家在三十出頭的時候必然是越寫越好的，這幾乎是一個規律。

張　莉：也不是，年紀越大不一定越寫越好，作家還是得思考，得琢磨，得對自己有要求。如果沒有難度的要求，寫得越多越久的作家，越有可能慣性寫作，這似乎是每個成名作家面對的難題。

畢飛宇：所以啊，我還是堅持一點，無論我的小說語言多麼及物，我想，它還是有不及物的企圖的，所以它有兩面性，有實的一面，也有空的一面。無論我的語言多麼及物，我也希望我的語言是麵包，不是麵疙瘩，它必須是暄的。還有一點我也要補充一下，我在那個時候已經把《紅樓夢》讀出意思來了，我承認過，我讀大學的時候沒有讀過《紅樓夢》，不是我懶，是真的讀不進去，一個二十出頭的毛頭小夥子，讀不進去是正常的，讀幾頁就放下了。《紅樓夢》對我最大的幫助就是處理日常，也就是及物，但是，《紅樓夢》最迷人的地方恰恰又不在這裡，它的語言是可以從及物當中脫離開來的。我反覆告訴徐則臣，小兄弟，你一定要好好研究《紅樓夢》。我很幸運，你想想，三十多歲，他的閱讀能力哪裡是一個大學生可以比的，我一頭就進去了。讀完了《紅樓夢》，我得到了最好的寫作指導。

張　莉：你說這個從「及物」中脫離開去很重要。前幾年我有段時間集中讀過當代期刊上的小說，很多年輕作家寫實，非常勤奮，反反覆覆寫單位人際關係，寫得很細，但讀完後很氣餒。作品沒有藝術氣質，完全沒有飛升空間。只知「及物」，不知其餘。小說家固然要懂日常，但又不能完全陷於日常，你不能為了描寫人際而寫人際，不能為了寫椅子而寫椅子，還是要有藝術的追求，要有飛升，要寫出日常生活的深刻性。《紅樓夢》寫盡了日常生活，但讀完後我們有那麼多的感慨「白茫茫大地真乾淨」，這就是它的藝術氣質。好小說要有具體的細節和生動的形象，但同時它又應該有抽象性和概括力。我的意思是，好的小說家要懂這個世界，這個懂不只是這個世界的具體的人情事理，也包括對世界、對現實、對歷史的整體認知能力，對整個世界和人生，小說家一定要有他的看法，作家書寫的是他眼中的、他理解的世界。一部偉大作品裡，一定包含著一位偉大作家的形而上的思考。其實做批評也一樣。不能只局限於某個文本，批評家要有眼光，有情懷。我最近越來越覺得「懂」對一個人的研究的重要性。有時候讀一個人的論文，發現這個文章的道理不通，不通人情、不通事理。何以不通？就是腦子全被「理論」充塞了，消化不良，只知道揮著理論的大棒到處掄，所以既不通，也不懂。當然，我自己在這方面是有欠缺的，我常提醒自己要警惕。

畢飛宇：我年輕的時候其實也不是不懂，是不想讓自己懂。這個懂與不懂完全取決於你對小說的再認識，取決於你小說美學觀念的變遷。就說《玉米》，你不能說我在讀大學的時候不知道小說裡的那些內容，也不是不能寫，但是，只有到了二〇〇〇年之後我才願意那樣去寫。所以我想說，作家的潛能其實是無限的，許多可能性都沉睡在你的身體內部，它什麼時候醒來，和外部文學的氛圍有關，和你的自我調節也有關。問題是你想不想改變你自己，你如果一直重複自己，那麼，你這個作家的「人物形象」就不可能飽滿，像福斯特所說的，作家自己就成了一個「平面人物」。

張　莉：只能說，有個東西在你這裡突然甦醒了。一個小說家要在哪裡甦醒，意味著他成為哪一類作家。換個人讀《紅樓夢》，他從另外的地方獲得啟發。

畢飛宇：也許我還要說到托爾斯泰。和曹雪芹一樣，托爾斯泰也是一個可以讀一輩子的作家。作家是有恒定的年紀的，羅曼·羅蘭，他十八歲，永遠是十八歲，四十歲之後你再讀他，沒什麼意思。海明威，二十五歲，他給我的記憶就是二十五歲。卡繆，四十歲。曹雪芹和托爾斯泰這兩個人不一樣，你可以永遠讀下去。托爾斯泰偉大，這個還要說嗎，可是，對我們這些寫作的人來說，說他偉大就沒有意思了，我們得往小處說，托爾斯泰在世俗生活的面前是多麼的機敏，他描寫人物的時候有這樣一個特點，他能花幾千字繞來繞去，到了要命的地方，一兩句，他就來那麼一下。有些作家你是可以向他學習的，曹雪芹和托爾斯泰都是可以學習的作家，杜斯妥也夫斯基就不是很適合，汪曾祺也不適合，當然了，把汪曾祺放在這裡談論有些不合適了。

張　莉：說起托爾斯泰的偉大，我讀過一本書叫《托爾斯泰與杜斯妥也夫斯基》，那位作者認為托爾斯泰的魅力在於，「（他）在全部感覺之中尋找最特殊、最具個人性、最具體的東西，似乎在尋找這些東西最微細的刺針，並且把這些刺針磨得鋒利，尖細得幾近病態，所以這些刺針就像錐尖一樣潛入、沉入我們肌膚，我們已經沒有辦法從中解脫：他的感覺之特徵會永遠地變成我們的特徵，我們的感覺將會和他一樣。」說得我心有戚戚焉。事實上，讀完《安娜·卡列尼娜》，我們對人、對愛、對情欲、對世界的理解是有不同的，好作家是可以改造人的世界觀，文學的魅力就在此處，大作家的魅力就在此處。

9 尊嚴就是平等

張　莉：你對人的尊嚴的關注，不是從現在開始的，只不過在盲人身上體現得更為明顯，即使是《玉米》，或者是〈哺乳期的女人〉裡面也有這樣的理念，比如說一個孩子的成長中，乳汁也是人的尊嚴的一部分，還有比如紅豆，一個戰俘，他的尊嚴在哪裡？但是到《推拿》的時候，這種對人的尊嚴的認識，讀者理解起來更容易。我的意思是，你對人的尊嚴的關注，似乎比較早了。

畢飛宇：是的，尊嚴是我一直關注的一個話題，不過，很少有人和我談論。《推拿》之後，這個問題浮出水面了，和我探討尊嚴的朋友慢慢多了起來。

張　莉：《推拿》剛發表之後，尊嚴成了評論你的關鍵詞。

畢飛宇：尊嚴問題看似複雜，似乎是一個理論問題，其實一點也不複雜。在我的腦海裡頭，尊嚴問題其實就是一個平等的問題。平等的問題則更加簡單，簡單到不需要討論的地步，那就是

「天賦人權，人人生而平等」。你注意到了嗎？在西方重要的文獻裡，這個問題不討論，不搞邏輯論證。你不覺得奇怪嗎？西方人那麼在意邏輯，那麼在意論證，但是，在平等這個問題上，他們很「粗暴」，就是不論證，就是不講邏輯，直接就是「天賦」人權，人是「生而」平等。當然，這個與他們的基督教文化背景有關。

張　莉：尊嚴應該是人與生俱來的。

畢飛宇：在這個問題上，東、西方文化的差異是很大的，中國進入現代社會很困難，與這種文化差異有很大的關係。在中國，尊嚴不是一個「天賦」的問題，而是一個權力的問題。人們很容易把尊嚴問題和權力的力量對比聯繫起來，那麼好吧，我們來看一看。在專制制度底下，太監沒有尊嚴，這個是一定的，皇帝的權力最大，他就有尊嚴了？也沒有。皇帝依附於他的皇權，這是最高權力，在這個權力之下，作為皇帝的個人，也沒有一個有效的法律來保護他。一旦皇權喪失，你可以在皇帝的腦袋上拉屎，一刀捅死了算是便宜的，鞭屍都是常事。所以，尊嚴的前提是「拿人當人」，得有「拿人當人」的制度和「拿人當人」的法律做保證，太監連人的玩意兒都沒了，他低於人，皇帝高於人，他們不能算作主體意義上的人。不是人，就沒有人的尊嚴。

張　莉：評論《推拿》時，我起了個名字叫〈日常的尊嚴〉。因為我認為尊嚴就應該是日常性的，時時處處人都應該有尊嚴。當然，尊嚴不是人想得到就能得到的，得靠爭取，也得有文化環境以及社會制度做保障。

畢飛宇：所以，尊嚴的問題一定牽扯到制度的問題，說到這裡話題就得往大處走，那就是，一個作家如果你關心尊嚴問題，你就得有制度關懷。簡．愛對羅徹斯特說：「在上帝的面前，我們是平等的。」這句話簡．愛說得一點都不錯，她和羅徹斯特的腦袋上方的確有一個上帝，上帝是神，不是人。我們的腦袋上方是誰呢？是人，是權力更大的人。這一來問題就複雜得多。某種程度上說，我們的文化是更容易產生權力的文化，也是更加依附於權力的文化。對我們來說，文化與權力是三位一體的，麻煩就在這裡。

張　莉：你分析過《紅樓夢》裡的劉姥姥帶著板兒去「打抽豐」的那段。進入大觀園之前，她不停地關照板兒，不停地扯板兒上衣的下襬。當然，從程度上說，劉姥姥的尊嚴似乎還達不到我們剛才所討論的那個高度，她只是自尊，愛體面，但是，她的自主意識問題又是那樣的醒目。

畢飛宇：我對劉姥姥有如此深刻的印象，完全是因為我的母親。我的母親是一個鄉村教師，特別地愛體面。因為特殊的家境，在走親戚的時候，我的母親一定會替我整理衣服，讓我呈現出「有家教」的樣子。某種程度上說，我的母親就是劉姥姥，我就是那個板兒。我讀《紅樓夢》的時候，劉姥姥的那幾下一直扯在我的背脊上，我甚至可以知道劉姥姥關照板兒的話是什麼。我為什麼那麼喜愛曹雪芹？是這樣，我有一個判斷，你一個做作家的，你也不認識我，可你都寫到我們家裡來了，都寫到我的身上來了，那我就一定會喜歡你。魯迅也是這樣，他也能把他的筆一直寫到我的家裡來。什麼是偉大的作家，可以把他的筆寫到千家萬戶的作家就是大作家。說到底，我的母親為什麼要對我那樣，最主要的一個原因是我的父親，我的父親是賤民，在我母親的那一頭，她就必須保證賤民的兒子不能再像賤民，你得「有個人樣」，對吧？

張　莉：這真是小說家的表達，把「筆一直送到千家萬戶去」，也就是送到千家萬戶的心裡去。

畢飛宇：曹雪芹描寫劉姥姥進大觀園的那些文字一點也不抒情，甚至相反，有遊戲的成分，很鬧，還「搞笑」，但是，每次讀到那裡我的心裡都非常難受，想哭也哭不出來。曹雪芹真是一個了不起的作家，只有洞穿了人生的人才有那樣的筆力，對著你的心臟，在很深的地方扎進去。

張　莉：回過頭來說尊嚴，有人把《推拿》定義為「關於尊嚴的書」，我想你大概不會反對。

畢飛宇：我不會反對。二〇〇六年，我打算寫《推拿》的時候，中國社會最流行的一個詞是什麼你知道嗎？是厚黑。也許這個詞並不是在那一年流行起來的，可是，那一年我開始關注它了。厚黑。我在盲人的世界裡看到的完全不是這一路的東西。厚黑已經文化化了，成了一個重大的社會問題，一個時代的特徵。我一直在說，《推拿》也許不是我最好的作品，但是我珍惜它，它的小體量裡有我關注的大問題。我想這樣說，在當下的中國，尊嚴不再是一個人的感受問題，它實在是一個重大的社會問題。

閱讀（二）

1 唐詩

張　莉：閱讀也許不好談，也可能會談散了，我們就挑幾個比較要緊的點，那些有可能對未來的寫作產生重要影響的幾個點來談。以我的經驗，對你影響最大的，中國四大名著裡面，第一是《紅樓夢》，第二是《水滸傳》。

畢飛宇：其實唐詩對我的影響挺大的，我這樣說好像也挺誇張的，好像我專門研究過唐詩一樣，那倒也沒有，但是我一直說，美學趣味是一個幽靈古怪的東西，它對人的一生都有影響。建立美學趣味是一件很難的事情嗎？當然，很難，可是，有時候，它又很容易。舉一個例子，在我的童年時代，如果有人對我的父親說起困難，我的父親就會這樣自言自語：「蜀道之難，難於上青天。」這句話的意思是什麼呢？就是「比登天還難」。「比登天還難」屬俚語，每個人都會說。「難於上青天」，這就不再是俚語，而是唐詩。都是五個字，這兩句有什麼區別嗎？有，「比登天還難」的「天」是不具體的，沒有高度，沒有色彩，是空的，「難於上青天」呢？這個「天」有了色彩，因為是「青」的，所以，它剔透，直指蒼穹，成了最高的地方，所以，它「難」。我說這個是什麼意思呢？在我的家裡，我的父親冷不丁地就會來一句唐詩，也不解釋，你似懂非懂的，但周邊的環境提醒你一件事：我父親的話說得漂亮。慢慢地，孩子就知道了一件事，引用唐詩之所以得到尊重，那一定是唐詩很高級。它的節奏也是獨特的，和普通人說話不一樣。

張　莉：唐詩在我們的談話中出現很多次了，你後來讀大學的時候又好好研究過嗎？

畢飛宇：不是，我用心研究詩詞是在高中時期，主要是平仄。為什麼要研究平仄呢，主要是我想寫「唐詩」。還真的寫了幾首，狗屁不通。是我的父親告訴我「平仄」的，我死心眼了，找來許多詩，用一個小本子寫出它們的平仄關係，結果，一無所獲。等我讀了大學，買來了一本書，《詩詞格律》，一看，我的媽呀，太簡單了，是有規律的，我們的前人早就弄好了。這件事對我有打擊，我在中學階段花了那麼多的時間，太冤枉了。

附帶著我要說一句我們的教育制度，應試教育實在是太混帳了，如果不是應試教育，我們的孩子會開心許多。我在中學階段多瀟灑，想弄什麼就弄什麼，還研究詩詞格律，很開心的。當然，結果很慘，考不上大學。我不得不通過補習班再用功。

唐詩對我產生的印象還是少年時候的事情，雖然年紀還小，但是，可以讀出唐詩的大，那時候並不知道什麼叫虛、什麼叫實，更不知道什麼叫意境，就是能感受到語言所構成的那種大，語言是可以突破自身的，這個直覺我很早就有了，其實這就是所謂的審美趣味。因為父親動不動就要來一句唐詩，這個讓我受益終身。這個終身受益並不是說我在唐詩研究上有貢獻，我的意思是，它讓我在很小的時候建立了語言的美學趣味，這個是不自覺的。現在的幼兒園也讓孩子背唐詩的，這個很好，但是我以為，這個和我受到唐詩的薰陶還是不一樣的，老師在教室裡對孩子說，「二月春風似剪刀」，孩子記住了，我呢，看到樹枝發芽了，我的父親來一句，「二月春風似剪刀」，感受會不同，點不一樣，很生活的。

張　莉：這個影響大概叫家學吧，你的許多短篇裡都有唐詩的影子，在營造氛圍和意境上。我覺得，唐詩對我們的重要性是浸入式的。我想到唐詩的時候，常有奇妙的感覺，覺得它很像魔術，有召喚功能。比如當我們說起「床前明月光」時，我們眼前不僅僅可以出現一些月光場景，內心還會湧起鄉愁，也可能因為吟誦此詩在異國他鄉辨認出我們的兄弟，甚至，它還會引領我們找到我們的先人，我們會想到那些穿古裝的寫詩者和讀詩者，某種程度上，唐詩是我們民族潛在的凝聚力，它流在我們每個人的血液裡，成為我們最不能割捨的那部分傳統。說起來傳統很玄妙，其實就在我們的日常生活裡。

畢飛宇：你現在讓我背誦唐詩，我背不出幾首，但是，由於少年時代經常把玩，它在我的審美上留下了烙印。詩歌靠背誦是沒用的，靠講解也沒用，主要靠把玩。說起來真是無趣，我那個時候讀唐詩一點都不是用功，不是愛學習，都不是。我只是無聊，無聊的心境和詩歌其實是很合拍的，詩歌就是這樣一種東西——想做什麼，但做不成。我不認為詩歌是給知識分子讀的，也不認為詩歌是給老人讀的，詩歌就是給孩子讀的，它是孩子心智上的玩具。詩歌不存在懂不懂的問題，因為詩歌可以繞過語言，直接抵達懵懂的心。我兒子的童年時代我給他講過唐詩，但是，很無趣，一講就無趣，我很厭惡我自己的講解，我後來再也不給他講了。

「大漠孤煙直，長河落日圓」，很簡單，很直白，怎麼講呢？這兩句詩是什麼意思呢，我只能說，這兩句詩的意思是：「大漠孤煙直，長河落日圓」。詩歌是靠運氣的，如果你能夠領悟，一下子就夠了，如果你不能，那我就必須再給你講解一遍：「大漠，孤煙，直；長河，落日，圓。」我還可以講解得更加仔細一點：「大，漠，孤，煙，直；長，河，落，日，圓。」但我想這已經不是詩了，而詩人也差不多快上吊了。

張　莉：我想到自己小時候背唐詩。學齡前的時候，我父親並不會在日常生活中引用唐詩。但有陣子他大概覺得女兒們應該會背唐詩吧，就要求我們姊妹背《唐詩三百首》裡的一些詩，背他畫定的那些，背完了才可以吃飯，或者才可以出去跳皮筋。容易背的詩我現在都忘記了，反倒是難背的詩記住了，因為背的次數多啊。特別好玩兒的是，我長大以後腦子裡會突然跳出幾句詩來的，冷不丁就會冒出來。比如那句「感時花濺淚，恨別鳥驚心。」我喜歡「花濺淚」、「鳥驚心」，沒原因，就是覺得好。現在想，可能就是它對情感表達得很深刻，有它的濃縮性。還有那句「身無彩鳳雙飛翼，心有靈犀一點通。」以前也完全不知道它在說什麼，只知道死背。但沒想到這些詩句常會在某一天甦醒。後來上大學，談戀愛結婚，有一天在廚房裡突然就想到這首詩了，「身無彩鳳」，「心有靈犀」，——愛人之間那麼濃烈的、百轉千迴的情感，全在這句詩裡了吧？真好。現在想想，一千多年來，這兩句詩幫助過多少有情人度過他們的相思歲月啊，李商隱老師了不起。

2《紅樓夢》與《水滸傳》

張　莉：我為什麼覺得你受《紅樓夢》的影響大呢，因為我看過你寫的一篇文章。完全是一個小說家的經驗解讀，解讀《紅樓夢》對日常的書寫，對日常的理解，感覺你應該受這本小說的影響比較大。當然，你前面也談了不少《紅樓夢》的影響了。你似乎引用過張清華老師的一個分析，挺有意思的。

畢飛宇：張清華的那個不是分析，他是總結。他是在和我討論戲劇性的時候總結三大名著的：《紅樓夢》是空色空，《水滸》是散聚散，《三國演義》是分合分。我覺得他從這個角度談論戲劇性很有見地。說起《紅樓夢》，我父親可以說是一個民間的紅學家，我太太也是，他們太熟悉了，幾乎熟悉每一個細節，在他們面前我是沒有資格談論《紅樓夢》的。《紅樓夢》是這樣的一本書，無論你有多大的智慧，這本書都罩得住你，反過來，無論你多麼淺薄，哪怕只是識字，《紅樓夢》你也能讀，一樣有滋有味，《紅樓夢》是上天入地的，這是一部頂級的小說，我對《紅樓夢》的研讀遠遠達不到我父親的程度。老實說，我很反感現在的一些《紅樓夢》研究，已經到了操蛋的地步，那哪裡還是研究小說？簡直就是神經病，完全是走火入魔。

張　莉：是，我對現在紅學研究很有困惑，——當狂熱的紅學家們把《紅樓夢》裡所有發生的事情當作「真實」、當作「歷史」來對待、來琢磨時，那到底是對小說藝術的抬高還是貶低呢？至少我認為是沒把小說當成小說，沒把小說家當成小說家。

畢飛宇：如果只說《紅樓夢》，我要說，這本書對我的寫作其實並沒有什麼直接的影響，你很難看到我受它什麼影響了，這個影響不是如何去寫，而是如何去做一個作家，影響反而是比較大的。同時我還有一個看法，那就是《紅樓夢》這本書你可以去慢慢地讀，但是，絕對不能那樣去寫，一部小說的內部究竟該不該隱藏那麼多的機關？我的看法是否定的。寫小說不是捉迷藏，看小說更不是捉迷藏，《紅樓夢》是孤本，這樣的小說不該是普遍的。的確，《紅樓夢》是一部容易讓人走火入魔的小說。比較下來，我對《水滸傳》更親一些。

張　莉：我們以前在談話中討論過金聖歎的點評，《水滸傳》跟你關係好像更親一些，資料上說施耐庵跟興化有關係。

畢飛宇：我是興化人，施耐庵也是興化人，老鄉呢。當然，這個問題在史學上有爭論，不過這種爭論和我一點關係都沒有。對我來說，施耐庵就是我老鄉，施家橋村有他的墓，離我生活過的村子也就幾里路。你還記得《玉米》裡玉米的母親吧，她叫施桂芳，在我的小說裡，她就來自施家橋村。我請你注意一下，施桂芳姓什麼？姓施。施家橋的施，施耐庵的施。

張　莉：下意識取的吧。

畢飛宇：《水滸傳》對我的影響是不一樣的。對我來說，它就不是一本書，它就是我的日常生活。可以這麼說，從我懂事的那一天起，身邊就有人跟我講《水滸傳》了。及時雨宋江，黑旋風李逵，豹子頭林沖，浪裡白條張順，就跟鄰居似的。在我們興化，即使是一個文盲，他也可以把《水滸傳》裡的人物一個一個地給你講出來。《水滸傳》和別的文學經典不一樣的，施耐庵是家裡人，跟他用不著客氣。當然，我說《水滸傳》對我有影響也有點不恰當，我只是熟悉它罷了。這個我很自豪的，施耐庵是興化的，揚州八怪裡頭有兩怪是我們興化的，劉熙載也是我們興化的。

張　莉：《水滸傳》裡有沒有興化的方言？

畢飛宇：不清晰。

張　莉：施耐庵老家是興化的嗎？

畢飛宇：這個存疑，但是《水滸傳》在興化寫的，這個基本是可以確定的。施耐庵的墓的確在興化，少年時代我去施家橋看露天電影，還爬上去過。那時候誰會把施耐庵放在心上？到處搶文化名人，那可是現在的事情，那時候完全不是這樣。在我讀小學的那會兒，文人和作家是不值錢的，我也沒有把施耐庵當成一個大人物去看待。對了，我寫過一個短篇，叫〈武松打虎〉，還寫到過施耐庵的墓地呢。當然，我寫的是說書藝人的故事。

張　莉：村子裡的老人常說起施耐庵嗎？

畢飛宇：也不常說，要說也說村支書、知青，說施耐庵幹什麼？我不是說了嘛，那時候沒有人會在意一個破小說家。大家只是對《水滸傳》的人物和故事很熟悉。一九七五年，有過一次政治運動，反投降派，這個運動就叫「評《水滸傳》」。毛澤東還說過一句話：「《水滸傳》這本書，好就好在投降。」那時候我才十一歲，對「投降」這兩個字是很反感的。我也許有機會讀《水滸傳》的，似乎也沒有看下去。我真正開始讀《水滸傳》是高中階段，我意外地得到了一套金聖歎的評本，七十回的那一種，這本書現在還在我的家裡。金聖歎的評本不只是讓我讀了《水滸傳》，還讓我初步了解了小說的「讀法」。我「會讀」小說是在看了金聖歎的批注之後，他的批注寫得好極了。

張　莉：我對他關於書中人物粗魯的分析印象深刻，比如他說《水滸傳》人的粗魯處有諸多不同：「魯達粗魯是性急，史進粗魯是少年任氣，李逵粗魯是蠻，武松粗魯是豪傑不受羈絆，阮小七粗魯是悲憤無說處，焦挺粗魯是氣質不好」，饒是貼切。

畢飛宇：我至今都不認為《水滸傳》是一本多麼了不得的小說，離偉大是有距離的。《水滸傳》最大的貢獻在這裡，——因為它是「冰糖葫蘆式」的小說，人物太多，也沒有一個統一的框架結構，所以，它塑造人物的速度是驚人的。什麼意思呢？它塑造人物很快，一、兩頁紙，一個人物基本上就確立起來了。這對我寫小說有幫助，尤其是塑造那些次要人物。次要人物你不可能給他太多的篇幅，篇幅也不允許，有些甚至只出場一次，面對這樣的人物，你怎麼辦？許多作品在這個問題上是令人遺憾的。寫小說是有負擔的，表面上看，你就是往下寫，但是，在這個過程中，你要涉及到場景、人物、人物的發育、人物關係、情感、語言，負擔很重。所以，有時候，有些次要的人物，你要用盡可能短的篇幅讓他確立起來，否則你沒法寫的。在這個問題上，我從《水滸傳》那裡學到太多了。

張　莉：這是那種畫卷式的方式吧，可我還是認為《水滸傳》對你有影響。

畢飛宇：《水滸傳》對我當然有影響，這個影響不是寫小說，而是為人。你知道的，《水滸傳》是一本男性的書，它強調的男性與男性之間的仗義。放在現代文明面前，仗義也許不算一種美德，但是，我是在《水滸傳》的氛圍裡長大的，又是鄉村，所以，我在骨子裡還是農民，那就是講究仗義。我不再年輕，其實很不喜歡這樣，總覺得仗義是街頭小混混的做派，帶有江湖的痕跡，很不好看，但我就是改不了。事情不到那個節骨眼上，我可以溫文爾雅的，到了那個節骨眼上，我農民的本性就會冒出來，童年的文化背景對人的影響實在是太大了。「少不讀《水滸傳》」，這句話是有道理的。

張　莉：我知道《水滸傳》的寫作技法上有值得學習的地方，但是，我必須特別坦率地承認，我很不喜歡這本書，你前面說它不是偉大的小說甚合我意。我認為這小說裡有「殺伐之氣」，而且其中對女性形象的扭曲和貶抑令人無法忍受。不過，你剛才說的仗義啊、農民的本性啊，這些說法真的是有意思。

3《聊齋志異》

畢飛宇：另外，我還不得不提的是《聊齋志異》。我父親給我買的，白書皮的，有文言，有白話的，就十幾篇。

張　莉：我好像也有過這麼一本，青少年普及讀物。

畢飛宇：我父親去縣城都要去書店，有一天就帶回了這本白皮書。我不喜歡這個書名，《聊齋志異》，作者又是蒲松齡。筆畫太多了，太複雜，看上去不是那麼回事。老實說我不是很喜歡這本書，也不打仗。一個「文革」後期的孩子不太可能喜愛這樣的東西。

張　莉：裡面的鬼故事讀起來讓人頭皮發麻，很刺激。你說你不喜歡，但你還是得提到它。

畢飛宇：是這樣的，我父親告訴我，這本書「很有名」，所以我也看。這個對我有些影響。男孩子總是受父親的影響大一些，尤其在閱讀方面，他說好，你即使體會不到，但不會輕易去懷疑。他那個時候是高中語文老師，對一個少年來說，高中語文老師還是有些權威的。到了高中，課本就有〈促織〉了。我想說〈促織〉寫得實在是太好了，這也許是我讀過的最短的一個短篇，大概只有六、七百個字，可是，就是這六、七百個字，差不多就是一部大長篇，波濤洶湧，波瀾壯闊。

張　莉：我們具體說說它的波瀾壯闊吧。

畢飛宇：你來看哈，小說一開頭就說清楚了，捉蛐蛐是一個倒楣的差事，成名因為是個倒楣蛋，攤上了。小說開始往下走。不到一年，全賠光了，成名想死，到底了。成名的妻子一勸，讓他自己去捉，成名看到了希望，小說開始往上拉。結果呢，捉不到，成名被打了個半死，成名又想死，小說又往下走了。來了個算命的，給了成名一張「尋寶圖」，成名按圖索驥，找著蛐蛐了，小說往上拉了，成名的兒子把蛐蛐弄死了，小說再往下走。還沒完，兒子跳井，死了。小說又落到底了。兒子原來沒死，活過來了，小說再往上拉，成名聽到蛐蛐叫，捉到了，卻太小，不想要，結果呢，小個子的蛐蛐迎來了第一場勝利，小說的氣勢一下子上去了，小說的氣勢剛剛上來，一隻雞來了，小蛐蛐被雞壓住了，小說往下走。結果呢，小蛐蛐把雞打敗了，小說抵達一個小高潮。成名把蛐蛐獻上去，當官的嫌小，小說又下來了，結果只能是考驗小蛐蛐的功力，小說開始往上拉，小蛐蛐無往而不勝，到了這兒，皇帝高興了，發獎金，提拔幹部。你看看，就六、七百個字，上上下下的，太精采了，密不透風。

張　莉：在一個狹窄空間裡，小說家把威權與小民的關係寫得波濤洶湧，世事的殘酷、殘忍、無常，全在這不到一千字的篇幅裡了。而且，小說語言簡潔有力，尤其是寫到成名兒子死後那幾句，大家手筆。

畢飛宇：是，兒子死了之後，其實也沒死，蒲松齡就用了八個字：「夫妻向隅，茅舍無煙。」你想想看，夫妻倆，一人面對一個牆角，到了吃飯的光景，茅棚子上連炊煙都沒有了，太淒涼了，一點熱乎氣都沒有了。

張　莉：「力透紙背」，文言妙處在此處盡顯。這是《聊齋志異》裡的經典篇目，我們當時高中課本裡就有，但真的理解其中妙處也是在大學畢業之後了。

畢飛宇：對了，我也寫過一個短篇，就是寫促織的，叫《蛐蛐，蛐蛐》，我特別希望鬼氣繚繞的。

張　莉：哈，我想起來了。你好像特別喜歡狐狸，是不是跟《聊齋志異》有關係？

畢飛宇：說不好，也許有，也許沒有。我在《蘇北少年「堂吉訶德」》（繁體版書名：造日子）裡面也提到這個，蒲松齡之所以成為蒲松齡，是他一生當中面對了太多的斷壁殘垣，那是亂世的景象。蒲松齡把整個中國的短篇小說推到了一個極高的境界。對中國文學史來說，有沒有蒲松齡是很不一樣的。沒有蒲松齡的話，我們的短篇小說史其實不好看的。

張　莉：蒲松齡能在那麼短的篇幅內構架一個故事，峰迴路轉，引人入勝，顯示了他作為短篇小說家的卓異才華。但他的最大魅力還是在於他的想像力，他小說的奇幻色彩。蒲松齡可以把那麼多花妖狐怪的事情與我們最日常、最普通的生活緊密連接在一起，使讀者完全進入亦真亦幻的文字世界，我覺得這個特別了不起。今天我們討論玄幻，穿越，其實鼻祖在這兒呢。

說句題外話，我發現，在某個時刻，當年的先鋒派或者對先鋒寫作有嘗試的那批作家，都開始回溯傳統，開始重新理解中國古典文學的意義。格非上課時多次跟我們討論過中國小說的時間觀念的偉大、中國敘事傳統的妙處，余華也很早就寫隨筆說過他意識到的中國小說敘事能量。你剛才講唐詩和《紅樓夢》、《水滸傳》、《聊齋志異》，——作家們不約而同的行為總是意味深長。我想，你們這一代作家，大概也都到了五十歲，不管那些中國經典作品有沒有真的對你產生過深刻影響，當你對它們念念不忘時，其實是在有意無意間思考個人寫作與文學傳統、與文學史的關係。——回過頭說《聊齋志異》，中國當代很多作家都承認受到了蒲松齡的影響，比如莫言吧，他多次說過他受到其中魔幻想像的影響。

畢飛宇：我只是承認蒲松齡短篇小說寫得好，但是，宏觀上，我不認為我受過他的影響，事實上，他對我沒有影響，我只是在一、兩篇小說上受到過他的啟發罷了。

4 魯迅

張　莉：對你影響最大的中國現代作家是誰，魯迅？

畢飛宇：魯迅。毫無疑問，是魯迅。

張　莉：你似乎說過很早就開始讀魯迅。

畢飛宇：非常早，具體我記不得了，但是我記得一件事情。有一天，一群高中生來看望我的父親，其中有一個人，他胳肢窩裡就夾著一本〈阿Q正傳〉，是個單行本。我就拿過來，卻不認識Q這個字母，我就問這本書寫的是什麼，他用胳膊拱了我一下，說，你看不懂的。口氣非常大。後來我還是看了幾頁，也沒看得下去。我讀魯迅是很方便的，家裡有，有不少雜文集，我的父親當年是個文青，他對魯迅還是很熟悉的。應當說，在我整個少年時代，沒有完整地讀過魯迅的任何一本書，感覺不好。

張　莉：覺得哪裡不好？

畢飛宇：句子彆扭，費勁。

張　莉：我小時候也覺得他說話比較怪，大概每一代中國中學生初讀他都會覺得怪，拗口。

畢飛宇：到了高中就好多了。能夠感受到魯迅的力量，魯迅的語言太自信了，尤其在反駁的時候，他總有辦法翻身。我們這一代人是在鬥爭的文化中度過少年的，也讀大字報，對辯論中強勢的一方總是抱有好感，我們有我們的思維定勢，只要你強勢，我們就會認定「正確」就在你的手裡，這是很怪異的一種體驗。我們小時候經常在打穀場打架，把別人打倒了我們並不佩服，我們最佩服的是那樣的人，被別人打倒了，別人壓在你的身上，然後，你翻過身來了，這是最牛的。魯迅的文章就是這樣，覺得別人說得挺好的，能壓住你，可是，只要魯迅把話題接過來了，隨後他就翻身了。如果讓我用今天的語言來講的話，我覺得魯迅的文章有一個特點，腰腹的力量特別大，它總能翻身。

張　莉：魯迅的文章，我個人覺得，完全沒有他同時代作家那種「喬張作致」的文藝腔，他的白話文一上來就特別成熟，切中，直接，簡練，非常漂亮。一出手就是成熟的，就是範文。這在白話文草創時期真少見。剛才你這個關於腰腹的比喻也很好，是這樣的。我中學時代讀〈狂人日記〉，讀不懂，覺得胡言亂語，不知道他要說什麼。可是，偶然有一天，我躺在床上無聊翻書，又一次讀到那句「從來如此，便對嗎？」嘩，一下子覺得眼前有了光，我好像開始懂他了，明白他為什麼要以狂人之語寫作了，至少在我那裡，在那一刻，我開始理解那位曾經寂寞地抄古碑的書生了。

畢飛宇：我讀魯迅最多的時候還是大學階段，曾華鵬老師給我們講魯迅了。那時候我從高年級的同學那裡得到一種說法，多讀一點魯迅，現代文學就不用再讀了。曾老師的專題主要是幫助我們宏觀地認識魯迅，他把魯迅放在了大的歷史拐點上，重點有兩個，啟蒙的意義，還有「五四」的精神，曾老師並不做具體的文本分析，當然，《野草》另當別論。《野草》曾老師講得比較細。比較下來，我對《野草》反而沒什麼興趣，我對象徵主義的東西不喜歡，像猜謎語，星星象徵什麼，烏雲象徵什麼，月亮象徵什麼，這個就沒勁。我最喜愛的還是魯迅的雜文，也就是肉搏。說他是戰士，真的是。我是體育迷，有體育常識的，通常，爆發力好的人耐力差，耐力好的人爆發力差，魯迅為什麼迷人呢？他的爆發力和耐力一樣驚人，這個很難得。他可以靠他的爆發力一招制敵，同時這個人的耐力又極好，他在搏鬥的時候非常草根，非常非常地草根，他拳打腳踢，和你沒完沒了。如果魯迅是拳擊手，那可是了不得的，我這樣說沒有半點輕薄的意思，這是我最直接的感受，我覺得只有這樣表述才能夠說得精確一些。

張　莉：我現在最喜歡讀他的雜文，時翻時新。有時候，我會和他爭辯，但也常常被他說服，魯迅禁得起讀者和他反覆深入地對話。

畢飛宇：在我看來，魯迅最了不起的地方在這裡：他為中國文人呈現了一種全新的文化心理，中國文人的文化心理是怎樣的？儒道互補。「儒道互補」這句話其實並不準確，它忽視了一個次序上的問題，這個次序才是問題的根本。什麼次序呢：以儒家始，及道家終。這個很糟糕。這不是一個精神上的脈絡，其實是一種利益通道。反叛、對抗、批判，這些都是入世的，批判了之後呢？妥協、和解、和光同塵。和光同塵，這是道家的一套，所謂的「最高的境界」就是這個，把客體忘了，把主體也忘了，物我兩忘，然後呢？天人合一，這就是所謂最高的境界。魯迅的國學底子多厚，他哪裡能不懂這個？小兒科，可魯迅就是沒有按照中國人的文化心理去安排自己，他是把「知」和「行」結合得最徹底的一位中國作家。他連漂亮話都懶得說，死到臨頭都堅持「一個都不寬恕」。如何面對國學、如何對待中國文化，這個可以討論，但是，在新文化運動中，魯迅為我們提供了一種全新的人格模式，尤其是知識分子的人格模式，這個太了不起了。他被利用，那不是他的錯，這個屎盆子不能扣到他的頭上去。

張　莉：「知行合一」這個評價太贊同不過了。看起來你對魯迅是真心喜歡的。

畢飛宇：是的，喜歡。關於魯迅，有一句話說得特別多，叫「雖不能至，心嚮往之」，這句話很好，我也是這樣。

張　莉：系統讀過《魯迅全集》嗎？

畢飛宇：《魯迅全集》我肯定沒有讀過，我不做研究，也沒有必要的，但是，還是比較系統的。那是一九九六年至一九九七年，這一次讀的時間比較長。

張　莉：有什麼契機嗎？

畢飛宇：那年我請了一年的創作假，在徐州，寫《那個夏季，那個秋天》，什麼也沒帶。白天寫，到了晚上就無聊了。每天夜裡，我就半坐在床上讀魯迅，這時候我三十二、三歲了，可以好好地閱讀魯迅了。我的意思是，讀得懂的部分比讀不懂的部分多了。

張　莉：你有對〈故鄉〉和〈藥〉的分析。

畢飛宇：我演講的時候多次分析，喜歡舉這個例子，大家都熟悉嘛。你看，同樣是說知識分子與大眾的關係，〈藥〉多少還是有點硬，圍繞著一個饅頭，看得出作者的「構思」，「華」、「夏」民族分成了兩個部分，一部分想挽救另一部分，結果，正如愛因斯坦所說的那樣：「愚昧不可戰勝」，「華」、「夏」兩家都死了人。〈故鄉〉極好，很家常，一對發小，情同手足，長大了，再一次見面，閏土恭敬起來了，一見面就叫「老爺」，很自覺地把自己放在了奴才的那一頭。這是很深刻、很沉痛的，——奴性不只是壓迫的結果，也是一種自我選擇，成了我們文化的基因，這就是所謂的「國民性」，有根深柢固的奴才特徵。

張　莉：他的許多短篇，從語言、細節、邏輯，都經得起分析。〈故鄉〉裡，那位豆腐西施、九斤老太，還有閏土，寥寥數語，便有如刻刀一樣刻下了他們。還有那位阿Q，那位穿長衫站著喝酒的孔乙己先生，都太獨異了，像我們民族的芒刺一樣。魯迅不僅僅為這些人畫像，也是在為我們的「國民性」塑形。

畢飛宇：一個曹雪芹，一個魯迅，你是可以不停地解讀、不停地分析的。南帆有一句話說得特別好，所謂經典，就是經得起課堂分析。課堂分析是經典產生的重要路徑，反過來，你又要經得起分析，從宏觀，到微觀，哪怕字、詞、句，它要有做示範的作用。好作家是全人類的福利，你可以任何時候都可以讀，從年輕到老年。你可以愛魯迅，也可以不愛，但魯迅是一個可以接得下去的一個話題。

張　莉：他從未過時。他很多關於時政和現實的分析，放在今天也都合適。王富仁老師說魯迅是「中國文化的守夜人」，很準確的。

畢飛宇：黑格爾早就說了，歷史是相似的，它常回家看看。好作家的特點就在這裡，他抓得住本質，時代過去了，人的本質還在那裡。我們不能把魯迅僅僅看作一個小說家，不是這樣，他是親歷歷史的人，是參與者，在歷史的面前，他是歷史的實踐者，後來的作家都做不到了。我們這些作家最大的不幸就在這裡，我們不再參與歷史。這是作家的不幸，也是歷史的不幸。

張　莉：現在文學的作用、作家的作用沒以往那樣大，當然有環境和傳媒變化的緣故。但是，也因為當代作家介入社會的主動性也不夠，跟當代作家認識世界的能力有關。作家對現實世界沒有整體認知能力，你看，許多作家寫出的現實都是碎片式的、社會事件串燒式的。為什麼呢？是因為心有餘而力不足。對世界的穿透力不夠。這不是特指哪一位作家，我覺得我們每個寫作者都生活在一個霧霾的時代，都看不清，看不透，所以，也寫不出。只能瞎摸了。

好的寫作者應該是可以給讀者和社會帶來新鮮感受力的作家。它通過冒犯我們庸常的感受和經驗使讀者警醒和思考。魯迅就是那樣一種作家，他的文字有刺痛感，有震驚感。但他那個時代其實也是不光明的，也是讓人看不清的，但他有穿透力，只有他有。這是不世出的天才。「當我沉默著的時候，我覺得充實；我將開口，同時感到空虛。」你發現沒，人越到年紀大，越容易理解魯迅。

畢飛宇：是的。

張　莉：陳希我曾經在文章裡舉例，認為你的寫作技術超過了魯迅，畢竟，魯迅可能有一些寫作技術上有瑕疵，而且他也只能寫那個長度的東西。長的也寫不了，沒有時間寫就去世了。但是，我還是覺得，魯迅的文學成就，包括他的刻薄、他的尖銳、他的深入、他的有力、他的傳神，都沒人能超越。

畢飛宇：魯迅是無法超越的。魯迅的產生不只是他一個人的事情，不只是他的淵博和天賦，在「三千年未見之大變局」面前，中國文化選擇了他，他的性格，也可以說人格的力量支撐了他，這一點是非常關鍵的。性格決定命運，命運卻選擇性格。馬克思在談論古希臘的時候說過，古希臘的藝術是「不可逾越」的，馬克思並沒有喝多，他看到了藝術形態背後的東西，那就是文化的背景，這個背景不再，它就不可逾越。童言無忌，古希臘的藝術就是童言無忌，你一長大，你就再也說不出口了，你就此失去了要風要雨的赤子之心，你也失去呼風喚雨的神祕力量。

張　莉：這就是為什麼古羅馬的藝術雖然偉大，卻再也沒有那種渾然的緣故。

畢飛宇：對呀，魯迅還有一點邪乎的呢，讓個性氣質與手中的語言合而為一，就這一條，很少有人可以做到。魯迅的文章，你只要讀兩行你就知道了，一定是魯迅，他太像魯迅了。

張　莉：就是「人劍合一」嘛。

畢飛宇：「人劍合一」。你把《魯迅全集》拿出來，任何一個文章拿出來，都是魯迅，其他的作家，寫著寫著，都會有一點走樣，魯迅從開始發表小說到他死，他沒走過樣。這太厲害了。我說老天爺選擇了魯迅是對的，成名晚，死得早，他的文學生命裡只有輝煌。

5 張愛玲

張　莉：說說張愛玲。我當然知道她是一個好作家，是別出一格的作家，我覺得很多研究者對張愛玲闡釋過度。在張愛玲研究上，學者們似乎總是不淡定。

畢飛宇：張愛玲其實不好聊，說實在的，我覺得聊張愛玲比聊張愛玲的小說困難，不知道你的感覺怎麼樣。

張　莉：的確困難。我們剛認識的時候，你大概已經忘記了，我們談過張愛玲。

畢飛宇：你說的是在太原的那次會議上，我說張愛玲的身體沒溫度。

張　莉：對，你說，如果你和張愛玲生活在一個時代，正好要和她一起過馬路，你是不會去攙扶她的，因為你會發現她的身體沒溫度，她的手也沒有溫度。

畢飛宇：無論如何，張愛玲是一個一流的作家。她是有洞見的，很厲害。可是無論她多麼出色，只要前面還有一個曹雪芹，她就要打折扣。《紅樓夢》是一棵樹，她就是這棵樹上的次生物。

張　莉：哎，次生物這個說法。你什麼時候開始讀張愛玲的？

畢飛宇：比較晚，張愛玲是「被發現」的嘛。

張　莉：你們那時候不流行張愛玲。

畢飛宇：我第一次見到這個名字的時候就認準了她是臺灣的，很荒謬。我平白無故地認定「張愛玲」這三個字有臺灣氣，這簡直莫名其妙。

張　莉：我也覺得她不像大陸作家，跟我當時讀到的其他作家很不一樣。我讀張愛玲，最早是她的一個小說集，現在想想很有可能是盜版。其中收了〈傾城之戀〉、〈金鎖記〉，我特別喜歡這兩部小說，現在也是。我當時讀的時候，並不知道張愛玲是誰，那時候很小，大概是讀初中，在我們家書架裡翻到的，白流蘇和范柳原住在同一旅館，那個半夜裡范柳原給白流蘇電話的情節讓人印象深刻。我完全是當成通俗小說讀的，現在想它可能就是一個少年的愛情啟蒙讀物。還有《沉香屑．第一爐香》，葛薇龍試她姑媽的衣服，那種柔滑的軟緞吧，「涼陰陰地匝著人」，讀的時候我的身上也是有了涼意的。多年後，還是忘不了那些人，想起他們，就能看到他們眉來眼去、風情萬種的樣子，這些男女永遠不老，永遠那麼有風姿。

畢飛宇：張愛玲的確有她的魅力。我讀張愛玲的時候年紀已經比較大了，還是合拍的。後來我就看到了夏志清對張愛玲的評論，我覺得夏志清在張愛玲這個問題上有些神經質，我就不太理解，怎麼張愛玲就到了屈原、李白一樣的地步了。批評家熱愛一個作家當然可以，可你不要詩朗誦。

張　莉：很多人看她都用粉絲心態。我有陣子感興趣張愛玲和胡蘭成的關係，為張愛玲不值，但是後來看胡蘭成的《今生今世》，又突然覺得胡大概屬男人裡的狐狸精吧，別有風致，張愛玲當年迷他也在情理之中。前兩年讀到《小團圓》，唉，非常驚詫，我真希望自己沒看《小團圓》。

畢飛宇：張愛玲如果沒有《小團圓》這本書，她就是盛夏的絲瓜，像水果，像黃瓜，到了《小團圓》，深秋來臨了，給人的感覺真是一個絲瓜，一點水沒有，裡面全是筋。這個滿可怕的。

張　莉：看了《小團圓》以後，我覺得，以她的經歷，她取得的文學成就應該更高，她生活在那樣的家庭裡面，她的人生經歷隨手拈來都應該是很好的小說，可是她有生之年並沒有全部寫出來，在某個時間段枯竭了，好像是被困住，乾了。

畢飛宇：我讀《小團圓》的時候心態也不對，不像是一個小說的讀者，更像做考古的，一心想從

《小團圓》裡頭尋找張愛玲，大部分時候找不到，偶爾，一、兩句，又找到了。這本書我讀得不舒服。

張　莉：我也有這種心態。把《小團圓》裡面的人都對號入座，哪個是胡蘭成，哪個是桑弧，哪個是蘇青，哪個是柯靈等等，但是，我自己又堅持認為，她寫的是小說，我們不能把其中所有的都視作真實的，它不是非虛構，它是小說。我現在不太相信作家的「自傳式小說」了，小說家都有虛構癖，這個是他們的職業病，在文字中他們自己表演自己給別人看，添油加醋建構一個「我」，並不自知的。

畢飛宇：我自己寫小說，反對別人對號入座，可是，很不幸，我自己看《小團圓》的時候也有那個心態。《小團圓》剛剛出版的時候，關於它的評論格外有趣，我一直在關注。有些讀者渴望從《小團圓》裡尋找張愛玲人生的蛛絲馬跡，馬上就有人說，這是小說！是虛構的小說！另一些讀者說，這本小說不好，有失水準，馬上又有人說，這本書對了解張愛玲這個人很有作用，它有資料價值。一句話，關於這本書，美學價值和史學價值一直在擰，像阿拉伯數字裡的8，一直在循環，在繞。

張　莉：張愛玲是受研究者寵愛的作家，總會有人為她的缺憾尋找各種理由。關於張愛玲的研究資料太多了，用浩如煙海來形容一點兒也不為過。

畢飛宇：這就說明了一個問題，張愛玲有非同一般的影響力，撇開她人生的際遇，作為一個小說家，她實在是幸運的、幸福的，她得到了許多作家都得不到的愛。

張　莉：是，她完美詮釋了一個作家如何實現「不朽」。但是，《小團圓》裡面有些話我很喜歡的。「雨聲潺潺，像住在溪邊。寧願天天下雨，以為你是因為下雨不來。」好句子住進人心裡。

畢飛宇：對，張愛玲有這個能力，她直指人心。許多讀者害怕她，有道理的，你沒地方躲。她有入木三分的洞穿力，《傾城之戀》幾乎就是一個完美的小說。說起直指人心，我覺得男性作家和女性作家還是有區別的，女性更犀利一些。我想對你說一件和小說很不相干的事情，我有一個同班同學，做了刑警，辦過無數的案子。他告訴我，如果是用刀子殺人，死者的身上如果有許多刀口，一般是男性幹的，死者的身上如果只有一個刀口，那麼，幾乎就可以斷定殺人犯是女性。我問他為什麼，他回答說，女性對自己的力量沒把握，如果一刀解決不了問題，那就麻煩了，所以，女性要麼不下手，如果下手，那是很決絕的，通常都是「一下子」致命，這是一個基因的問題。

張　莉：哎，你這個說法！刑警的話是專業問題，我沒辦法反駁，但是，我覺得這個說法有些恐怖，我抵觸。女性當然有她內在的強大的力量。張愛玲有力量，她的小說有力量。說點別的，你知道，現代文學研究有一種方法，就是通過考察一個人和周邊朋友交往關係，分析這個人的文學性格啊、文學寫作經驗的轉變啊什麼的，自從經歷了這個《小團圓》事件，我突然發現，那些「研究」是「紙上談兵」，研究半天很可能是盲人摸象。

畢飛宇：張愛玲真的是傳奇。一九四九年之後，如果她一直在上海，在上海生老病死，張愛玲的魅力會去掉一半。可是，她在異邦，一個黑寡婦，這就浪漫了，最起碼，在認識上，她會激發浪漫主義的好奇。這個世界上哪裡有什麼浪漫？所謂的浪漫全是艱辛。可是外人不管這個，——我突然想到張藝謀了。

張　莉：怎麼扯到張藝謀了？

畢飛宇：瞎聊嘛。前些日子，我們幾個人聊起了張藝謀，大家在幫他找問題。我說，作為一個導演，張藝謀沒什麼問題，許多東西不缺，但是，作為人，張藝謀的身上有一個很大的特點，他對感情不敏感，他不太愛，也不太在意表達愛。這個東西對張藝謀的妨礙相當大。他的骨頭是冷的。張愛玲當然不一樣，但是，張愛玲的骨頭也是冷的。

張　莉：這個說法很新鮮。

畢飛宇：別看陳凱歌那樣，陳凱歌對情感很敏感，馮小剛也敏感，姜文其實更敏感，但是，他的審美趣味和他的天性有點擰，他喜歡酷，他愛冷，他不好意思熱。哪一天姜文肯了，他會給我們驚喜，那將是另一個開始。婁燁呢？他敏感得幾乎不行了。你能想像陳凱歌老淚縱橫，你也能想像姜文、婁燁、馮小剛老淚縱橫，雖然馮小剛哭起來也許更不好看，但是，如果你是導演，你要選擇一張老淚縱橫的臉，男主角你會選擇張藝謀？女主角你會選擇張愛玲？我反正不會，那張臉看上去就不像。他們哭不出來，他們哭出來了我也哭不出來。

張　莉：這個啊，我倒覺得每個人都有他的路，他的命。一個藝術家性格裡的冷也好熱也好都是與生俱來的，是宿命，他／她想脫逃也不可能，想超越自己、跟自己性子擰著來會得不償失的。性格決定命運，也決定了他們的創作方向。一位優秀的藝術家，只要能人盡其才就夠了。依我看，張愛玲，或者張藝謀，他們能取得他們能取得的成就，大概也是因為他們骨頭裡是冷的緣故。

6 周作人

張　莉：現代作家中，你有過大量閱讀經驗的還有誰，周作人麼？

畢飛宇：周作人？——周作人我倒是讀過不少時間。只要是從手頭經歷過的，周作人的每一篇東西我都細讀過。

張　莉：但是，我好像沒看出他對你有影響。

畢飛宇：影響這個東西很不好說，有些是顯性的，有些是隱形的。一個人的一生要讀許許多多的作家和作品，如果你一定要從顯性的來說，幾乎是不可能的。周作人對我還是有些影響的，雖然不像魯迅那樣顯著。這個影響已經不再是我讀高中的那個時候了，直接可以在文字裡頭能看出來，你看不出來。周作人的形象不好，有誰會無端端地承認學過周作人呢？坦白地說，我學習過周作人的語言。有一點你要承認，他的語言是沒話說的。我還向周作人學過篇章，還有語言的節奏，他的節奏派頭很好，是那個派頭，上海人是怎麼說的？腔調。上海人喜歡說「有腔調」、「沒腔調」。周作人就有腔調。

張　莉：腔調，派頭？嗯，我喜歡他說話從容。周作人是文章大家。

畢飛宇：絕對的文章大家。他的篇章也很有特點，也就是文章的結構，很迷人的，有時候，他喜歡「跑題」。他的一些小短文經常「跑題」，就跟一個孩子搭積木似的，跑題了，歪了。眼見著這個積木就要倒，最後一塊木頭上去了，沒倒。周作人瀟灑，我這是從審美上說的，這是一個氣質性的東西。瀟灑的人總是不太定，這個你懂的。

張　莉：跑題也是閒筆，從此處蕩開去。你以為他跑了，但其實他沒有。仔細琢磨，也真的並沒有。

畢飛宇：周作人是文章大家。這一對兄弟放在一起真是絕了，絕配。

閱讀（二）

1 歐美文學
2 俄羅斯文學
3 現代主義文學

1 歐美文學

張　莉：接下來討論關於國外作家的閱讀吧。這個話題可能會更加鬆散，我們還是找一些有意思點的。先說一件我印象特別深刻的事，那時我還在南開大學做博士後，有一天正在咖啡館裡趕稿子，郵箱裡突然跳進來你的一封email，沒來由地，你說你最近又在讀杜斯妥也夫斯基，總覺得那些小說是你寫的，「卻不是，很痛苦。」還記得吧？

畢飛宇：我記得。

張　莉：那個信讀之難忘。

畢飛宇：這個就是貪婪，貪婪會造成很特別的錯覺。也不知道別人是怎樣的，我讀好小說的時候，心態就不健康，總覺得那是自己寫的。看完了，一旦翻過來想，不是自己寫的，就痛苦。告訴你一件有意思的事，有一年我讀完了一篇小說，認準了是我寫的，結果呢，是莫言寫的，那就是《透明的紅蘿蔔》。

張　莉：那小說是個好東西，像星外來客似的，氣質不凡。

畢飛宇：說起西方的文學，我們也別往大處說，其實一開始，我還是希望讀到愛情和性。我在很小的時候讀過一本中國的小說，《敵後武工隊》，人的名字一點都記不得了，故事也記不得了，有一點卻是終身難忘的，那就是關於一個叛徒的描寫。他將來要叛變的，所以，就要鋪墊。故事到了一座橋的下面，他，還有一個女戰士，有情況了。這一段看得我呼吸都困難，那時候我還沒發育呢，可我一心盼望著他們之間有故事，結果，還沒有來得及，他就叛變了。在那個歲月，這只是一個很隱祕的心思，還不敢說。

張　莉：哈哈，年輕人讀小說都有那種隱祕的小心思吧，我最初讀《紅樓夢》時是跳著讀的，喜歡看寶黛鬥嘴。

畢飛宇：到了我可以讀西方文學的時候，一看到前言裡有這樣的話我就高興，那就是「要批判地吸收」。這句話幾乎就是激勵。我一直納悶，西方小說裡那麼多的愛情，我們的小說為什麼就沒有呢？就說描寫皇帝，在西方小說裡，皇帝是有身分的，比方說，兒子、丈夫、父親、情人，可是，我們的作品裡皇帝就只有皇帝一種身分。年輕的時候沒有認識能力，但是，有一個直覺，我們的生活是另一種生活，也可以說，西方的生活是另一種生活。我很渴望那樣的生活，這大概是我讀西方小說最初的動機。

張　莉：以西方小說為鏡吧，是你文學想像的源頭。

畢飛宇：應當這樣說，我在青春期的前後閱讀西方小說是決定性的，為什麼這樣說呢？和我們這一代所有的人一樣，我們都沒有中國傳統文化的底子，毛澤東有一句話是對的，「無產階級不占領，資產階級就一定要占領。」我那時候的知識結構就是這樣的，直到高中畢業，你說能學到什麼？在「國學」是很可憐的。等我真的具備了閱讀能力的時候，「文革」也結束了，相對來說，接受西方就更容易。

張　莉：你想說，西方文學對你的寫作影響很大。

畢飛宇：其實我想這樣說，西方文學對我最大的影響還是精神上的，這就牽扯到精神上的成長問題，自由、平等、公平、正義、尊嚴、法的精神、理性、民主、人權、啟蒙、公民，人道主義，包括專制、集權、異化，這些概念都是在閱讀西方的時候一點一點積累起來的。在價值觀方面，尤其在普世價值的建立方面，那個時候的閱讀是決定性的。你在閱讀故事、人物、語言，到後來，它在精神上對你一定有影響。

張　莉：比如……？

畢飛宇：比方說殺人，這個詞誰不知道呢，可是，如果你讀過《九三年》，你對殺人就會有一個完全不一樣的理解。朗德納克，郭文，圍繞著這兩個人，發生了多少生生死死？人是可以殺人的嗎？在宏大的、真理性的理由面前，人是可以殺人的嗎？雨果直接面對了這個問題。《九三年》未必是最偉大的作品，但是，它一定來自偉大的心靈。只要你讀過了，你一定會思考，不管你多麼年輕。還有《悲慘世界》裡沙威警長的死，這些東西都會打動你的感情，讓你有石破天驚般的震動。閱讀就是這樣，你在情感上被打動了，有了趨同性，你在理性上就容易受它的影響。

張　莉：我們前面討論過，好的小說家可以影響一個人的世界觀，一個人的精神氣質。讀《悲慘世界》，我們必須要面對善惡、良知這些問題，不可避免。小說感染著我們必須去面對這些東西。——余華在他的隨筆集《溫暖和百感交集的旅程》中寫道，他是喝著外國文學的奶長大的。

畢飛宇：這個話也許不好聽，但是千真萬確。不只是余華，不只是我，對於我們這一代作家來說，這差不多是普遍性的。

張　莉：是，而且我也注意到，余華有一段時間也喜歡談十九世紀作家，好像大家在某個時間段都想回去讀杜斯妥也夫斯基。

畢飛宇：這是必然的，十九世紀批判現實主義確實產生一批巨匠。

張　莉：我現在隨身帶的是《包法利夫人》，李健吾翻譯的那本，我喜歡這本書，百看不厭。

畢飛宇：《包法利夫人》是頂級的小說，他的描寫幾乎就是教材。我們這個茶館裡有一排西方經典小說，裝門面用的，有一本就是《包法利夫人》。喝咖啡的時候我時常拿過來，隨便翻幾頁，隨時丟下來。時間久了，我發現了一個問題，在《包法利夫人》裡頭，我幾乎找不到敗筆。對了，說起描寫，人們通常都會說，描寫需要準確、生動，其實，那些都只是廢話，是表象。描寫的本質是什麼呢？是選擇。就像《包法利夫人》，經常有描寫，客廳、庭院什麼的，可是你不要忘了，客廳和庭院裡的東西多呢？幾千樣東西都有，你描寫什麼呢？這個是很考驗人的。寫過詩的人都知道，有些東西可以「入詩」，有些東西不能「入詩」，小說也是這樣的，有些東西可以「入小說」，有些東西就不能「入小說」。王安憶有過一個說法，那是講遲子建的，王安憶說，遲子建知道哪裡「有」小說，哪裡「沒有」小說。這是一個很高的評價，比「才華橫溢」有分量多了。所以，敘述也好，描寫也好，都是次要的，要緊的是，面對一大堆的蕪雜，你得有「小說的心」，有了小說的心，你的眼睛自然會動，哪些地方你是可以「瞄」過去的，哪些地方你不能「瞄」，必須「看」。落實到小說裡，那就是完全不一樣的事情。

張　莉：對，「小說的心」，作家選擇寫什麼或者看到什麼，都與他的審美能力有關的。一個真正的作家知道哪裡有寶藏，而另一些人同樣路過，卻可能視而不見，因為他沒有「小說之心」。我們先回憶你讀過的第一本西方書籍吧。

畢飛宇：這個不用回憶，是盧梭的《懺悔錄》。

張　莉：那時候你多大？

畢飛宇：十六、七歲，讀高中。我首先要和你談談書的事。我們那個時候很奇怪，你讀哪一本書，不是你去買，然後你再讀，不是這樣。哪一本書會落到你的手上，完全是隨機的，像命運的安排，你根本不知道你會遇上哪一本書。是神奇的命運把《懺悔錄》送到我的手上的，一開頭就吸引了我，哪有這樣對待自己的？只讀了幾句話我就感受到作者的心情了，動盪，憤激，很適合青春期。可我沒有想到盧梭會那樣對待自己，很嚇人的。

我剛才說的是第一點，第二點呢，我要說細節的力量。你知道書裡頭有盧梭和華倫夫人的不倫之戀，一個細節實在驚人，我到今天都忘不掉。華倫夫人在吃飯，正要吃肉，盧梭說，肉上有毛。華倫夫人就把肉吐出來了，盧梭接過來，放在了嘴裡。

張　莉：哎，這細節太肉感啦！

畢飛宇：衝擊力大。盧梭有衝擊力，是一個鄉下人才有的衝擊力。

張　莉：蠻力。

畢飛宇：那時候我還不知道什麼叫「細節」，但是，心驚肉跳，皮膚都是燙的，這些都是理性的感受。年輕時的閱讀就是這一點好，許多時候，它不是精神在閱讀，也不是靈魂在閱讀，它是身體在閱讀，是血管在閱讀。

張　莉：我得說，關於這個細節，你有男性讀者的趣味，至少在那一刻。我讀到時卻是另外的感覺。

畢飛宇：這個不重要。雖然《懺悔錄》是一本非虛構的書，但在刻劃人物方面，華倫夫人這個形象無疑很成功。母性，淡定，雍榮華貴，淫蕩卻優雅。她和盧梭可不就是秦可卿和寶玉嘛。

張　莉：那時候除了《懺悔錄》還讀過別的嗎？

畢飛宇：那時候我還讀過一本《拜倫傳》。

張　莉：你從哪兒找來的？

畢飛宇：不知道，《拜倫傳》來到我的手上也是一個謎，反正不是我找來的。以我的能力，也找不到。會找書看是一種能力知道嗎，我那個時候哪裡能有這樣高級的能力。

張　莉：關鍵那是你上大學之前，也就是「文革」剛結束沒幾年，這些書也不容易找吧。

畢飛宇：有一點是很重要的，那時候我已經不在村子裡了，進城了。如果我在村子裡再待上三、四年，一切都得另當別論，我一九七八年就回縣城了，十四歲，就我一個人，我們全家都回城還是後來的事情。

張　莉：那段時間你一定很苦悶。

畢飛宇：是啊，苦悶，就遇上《拜倫傳》了，那時候我還沒有讀過拜倫的詩，就知道他是一個英國詩人。一看扉頁上的畫像，天哪，那麼帥，可以說是美，像個姑娘。還是個殘疾人。那時候我喜歡看劇烈的東西，那麼美，偏偏又殘疾，你想吧，一定是劇烈的一個人。說起來很奇怪，這本書讀完了，拜倫不再是一個詩人，而是一個革命家兼浪蕩公子，家裡頭都處都是動物，很臭。

張　莉：年輕人都喜歡戲劇性的、非常態的美，有點兒重口味。

畢飛宇：我對拜倫的認識就是一浪蕩公子，天才，不安，反抗，不靠譜。嚴重不靠譜。進了大學，老師給我們講拜倫，進行美學定位，也進行道德定位，我覺得不太對得上。說到這裡我特別想說，一個人在進大學之前最好讀一些書，如果一切都是大學課堂灌輸的，也有問題。我沒有對大學課堂不禮貌的意思，大學課堂的重要性不言而喻。但大學課堂就是大學課堂，它條分縷析，邏輯性很強。我崇尚邏輯，可是你必須承認，面對文學，邏輯有時候不太有用，至少，邏輯的面積是有限的，它無法面對更加寬廣的文學世界。如果你在進入大學之前已經有所涉獵，那會有一個反差。我很想回到少年時代，你知道嗎，少年閱讀其實很有意思，一知半解，一知半解的閱讀最有趣了。許多時候靠的完全是直覺。我在高中階段讀《少年維特的煩惱》，很緊張，像看手抄本，有犯罪一般的快感。可是，到了大學，老師那麼一講，時代背景、寫作風格、人物分析，一點兒意思都沒有。

張　莉：講解作品當然是無趣的，尤其是那種照本宣科的講解最可惡。剛才你說年輕時的閱讀是身體的閱讀，很對。我懷念我中學時代的閱讀，那種全身心的閱讀。我覺得現在很多人已經不能體會那種閱讀小說的美妙情感了，很可惜。

可能我的看法已經過時，我認為小說提供的、誘發的想像力和感受力是大於影像的。電影當然可以使我們看到游泳運動員的優美的泳姿，性感的身材以及跳躍的浪花，但卻不能使觀眾感受到屬於游泳本身的某種樂趣，比如水撫摸身體的涼爽，比如水進入身體每一個肌膚的觸覺。但小說是可以的，它可以調動我們的感官，它可以調動我們身體的感覺，使我們不進入水池就有身體的刺激，它喚醒我們身體的奇異感受。這是小說之於其他藝術的優長，可惜現在大學生的閱讀熱情沒那麼強烈了，現在有哪個年輕人會主動地沉浸在一本小說裡呢，也就體會不到白之黑上無端的快感了。當然他們打開自身的途徑跟以前也不一樣。——《拜倫傳》最打動你的是什麼？

畢飛宇：《拜倫傳》裡最打動我的是雪萊的死，三十六歲還是三十七歲？反正看那一章的時候我很難過，書裡頭也寫到了雪萊，我更喜歡雪萊，理由是什麼？雪萊這個名字好，比拜倫這個名字好。當然，這裡頭還有一個重要的原因，我當時已經把雪萊最著名的那句格言抄在我的小本子上了。那時候我很喜歡格言，還有警句，寫作文的時候冷不丁地就給我的語文老師來一句，孩子嘛，對自己沒信心，那就拉大旗做虎皮，把名人的名言搬出來，毛時代長大的人都好這一口兒。

張　莉：不對，他應該是不到三十歲就去世了吧？一七九二年到一八二二年。年輕人迷雪萊很正常啊，他是浪漫主義代表詩人，且經歷不凡，被學校開除，狂熱戀愛，最後落水去世，那種戲劇性人生很有感染力，並且還寫過那麼有感召力的詩句。——說說你進大學之前那些最有價值的閱讀吧。

畢飛宇：最有價值的閱讀，應該是《約翰·克里斯朵夫》了。

張　莉：《約翰．克里斯朵夫》一度在中國非常流行，我上學時大家也都還傳著讀。

畢飛宇：讀這本書我是非常清晰的，是一九八一年的冬天，十七歲，那時候壓抑啊，考不上大學。不少同班同學都到遠方去讀大學了，可是我呢，考不上。未來能不能考上呢？沒把握，不自信。這個時候我已經非常愛文學了，愛文學是很費時間的，但是，自己也知道，不考上大學這一輩子就廢了，所以，考上大學是第一重要的事情，那是一段很黑暗的日子，一天到晚在幻想，什麼樣的幻想都有。十七歲啊，對我們這一代人來說，那是多麼不堪的日子。

張　莉：你說過，你從那時候開始熱愛健身。

畢飛宇：那時候我有堅忍不拔的意志力，其實是自我摧殘。也不知道從哪裡弄來了一副啞鈴，每天晚上臨睡之前都要健身，其實，營養根本跟不上。大冬天的，健完身，到河邊打開冰面，用冰冷的河水在身上擦，火燒火燎的。我們這一代人早年受過革命的英雄主義教育，血管裡頭有一股蠻橫的勇氣。

我就是在這個節骨眼上得到《約翰．克里斯朵夫》的，它太勵志了，你可以想像我是多麼地喜愛它。在用冰水擦身的時候，不是不怕，很怕，多冷啊。可是，心裡頭有克里斯朵夫，他在看著我，勇氣就來了。你看，我也進步了，不是用黃繼光來勵志，而是用克里斯朵夫來勵志了。

張　莉：哎，你說的這個場景，冰水擦身，以約翰．克里斯朵夫勵志，太讓人感嘆了。

畢飛宇：可是這本書也鬧心，那就是克里斯朵夫接連不斷的愛情，他是個光棍，一輩子沒有結婚，可是，小愛情是不斷的，阿達，薩皮娜，安多納德，雅葛麗娜，一個接一個。我想說羅曼．羅蘭是描寫「小愛情」的聖手，就是少年的那些愛情，他真是寫得好。還有一個也鬧心，那就是羅曼．羅蘭也喜歡警句，動不動就來一下，我就一邊看，一邊抄，就是這樣的句子：「許多不幸的天才缺乏表現力，把他們沉思默想得來的思想都帶進了墳墓。」「批評家是風向標，他們卻以為自己操縱了風向。」到處都是類似的句子，閃閃的，我就抄，滿滿的一本。十七歲的年輕人哪有不愛這些的？很愛。我每天都是控制著看的，不許自己多看。這本書看完的時候我相當痛苦，克里斯朵夫他走了。四十歲之後，為了回顧我的青春，我把這本書再讀了一遍，很遺憾，我老了，再也讀不到當年的激動了，悵然得很。

張　莉：我覺得《約翰．克里斯朵夫》不能算特別重要的經典，當然勵志是一定的。你剛才一口氣說出那些句子，記憶力真好。

畢飛宇：這個當然。二〇一一年，我寫過一個短篇，〈一九七五年的春節〉，在這個短篇裡我寫了一個神祕的女人，因為吸菸，她的身上著火了，她就慢悠悠地拍，一巴掌、一巴掌的。這個動態的描寫也就十來個字，這就是從羅曼．羅蘭那裡讀來的，應該在第四冊裡頭，可以查得到。那時候克里斯朵夫正在瑞士的一對老夫婦家裡避難，那個老夫人很木，動作遲緩，她的身上著火了，她不急，在那兒撣，撣灰塵一樣。

張　莉：真是小說家的腦子，那個細節我也讀到過的，但我沒有這麼琢磨。

畢飛宇：放在今天來看，羅曼・羅蘭顯然並不是那種頂級的作家，我只是說，在我讀大學之前，他給了我十分不一樣的文學記憶，我做了許多的筆記，流了許多的淚。我相信當年有許多文學青年都有相同的記憶。

張　莉：你讀的這些東西在你後來的創作裡面一定會有所體現。

畢飛宇：是的，沒有閱讀哪裡有寫作呢，寫作是閱讀的兒子。我在寫作的時候時常遇到這樣的場景：這個別人已經寫過了，那我就換一個說法。

張　莉：你的記憶力令人吃驚，可以記到那種細微處。

畢飛宇：哪裡，每個人的記憶都有自己的強區和弱區，對了，想起來了，有一件事我不能不說，那就是《悲慘世界》。這件事有點獨特了，是一九七九年還是一九八〇年？反正是那麼一個時候，有一天我突然發現，許多人的胳肢窩裡都夾著一本書，是同一本書，叫《悲慘世界》，你要知道，那可是「文革」後的一個小縣城哪，那麼多的人在讀《悲慘世界》，就好像黨中央發了通知一樣，這讓我特別奇怪。後來我注意到，在當時的報紙和雜誌上，談論這本書的文章也特別多。我就找來看了，我看得飛快，應當說，我當時還沒有閱讀這本書的能力，到了大學階段，基本上就可以理解了，說到底，這就是一個好人與壞人的故事。「文革」是什麼？是每個人都有可能成為壞人，我們不是只有原罪——歷史反革命，還可能有現罪——現行反革命。《悲慘世界》反過來了，它是把壞人當作好人來看的，你偷，我就把贓物當作禮物送給你。寬容維護了體面，寬容維護了自由，儘管《悲慘世界》遠不是寬容這樣簡單，但是，就是這樣的寬容，對當時的中國人來說，簡直就是久旱逢甘霖，它得到中國人的喜愛是必然的。

張　莉：《悲慘世界》今年重新翻拍了，特別棒，太棒了。

畢飛宇：我知道，我在倫敦的時候大街上到處都是廣告，可惜沒有看。

張　莉：好看，真的好看，我在電影院裡看的，有一刻熱淚盈眶，很久沒有這樣的觀影體會。你剛才分析《悲慘世界》在「文革」之後的流行原因，說到寬容二字，有說服力，這可能就是它容易被接受的原因之一。

畢飛宇：李敬澤說過一句話，狄更斯是背負著上帝寫作的，我覺得雨果也是這樣的，他一直在強調「絕對正確的人道主義」，這句話從我讀到的第一天起就在我的心裡了，一直到今天。這是一種普世的情懷，不該有種族之分，不該有時代之分，更不該有制度之分。我不懂什麼主義，無黨無派，可是我想說，無論我們在主義這個問題上有什麼分歧，有什麼對峙，我們都要在「人道主義」這個主義底下達成共識，「人道主義」也不像別的什麼主義那樣艱深，它可以用一句大白話來表述：拿人當人。

張　莉：中國新文學就是「人的文學」，它的優秀傳統就是人道主義。我認為這是中國現代文學的最寶貴財富，為什麼說當時的新文化運動偉大，就在於此。一個現代作家，一個現代的優秀作家，首先必須是一個人道主義者。而衡量一個社會是否現代，是否進步和文明的標誌，一定是這個社會是否「把人當人」。——後來你讀了中文系，閱讀不一樣了。

畢飛宇：剛剛進中文系的時候非常高興，再也不用偷著看小說了。事情就是這樣怪，大學時代讀小說遠遠不如中學時代那樣幸福，為什麼呢？讀小說成了家庭作業了。有些小說你其實不想看，但是，你必須看，必須看有時候是痛苦的。

張　莉：讀中文的同學都會有同感的。哪個作家使你痛苦？

畢飛宇：我是從左拉那裡感受到痛苦的。當然，話還得反過來說，如果不是讀中文系，我想我永遠也不會去讀左拉。左拉的小說太難看了。為什麼一定要看呢？老師有交代，並不是每一個作家都要讀，但是，某一個「主義」的代表作家必須讀。左拉是「自然主義」的代表作家嘛，那是必然要讀的。

張　莉：難看，但有代表性，必須得讀。

畢飛宇：我在一篇文章裡說過一句話：「小說的歷史，說到底就是尋找真實的歷史。」到底什麼是小說裡的真實？到底怎樣才能抵達真實，我們的小說家真是煞費了苦心。你看哈，模仿、再現、表現、「是這樣」、「應這樣」、客觀描寫、主觀感受、典型，說來說去，都是企圖逼近真實。左拉就來了一個自然主義，事無鉅細，一點一點往下寫，他簡直就是一頭犟驢，《農民》和《萌芽》真是難看死了，也不好記，看了就忘。老實說，左拉的小說我就記得一個小段，是《萌芽》裡的，——把男人的器官割下來了，頂在竹竿上去遊行。我真是硬著頭皮讀完的。他把小說弄得如此難看，就為了真實。

我得說，這樣的努力很寶貴，可敬，不可愛。

張　莉：小說只是尋找真實，但不一定真的能尋找到。現實浩大，它們只是寫作小說的材料，小說的意義在於通過獲取、剪裁以及表現來達到現實本身沒有能力呈現出來的意義。是否真的抵達真實對於小說哪有那麼重要？小說有它的倫理和邏輯，它需要作家具備的是虛構能力，那種讓我們相信書中這一切真的發生過的能力。小說肯定不能是對真實的圖解，它一定是有變形的。不過，有意思的是，這個左拉不認帳，不認這個，他執拗地想著「自然主義」，有如在空中建造樓閣。

畢飛宇：在左拉的身上我們可以得出一個結論，文學不是一件容易的事情。他認定了「自然主義」可以抵達真實，他就那麼做了。將心比心，他那樣寫的時候我估計也沒多大的樂趣，很枯燥，很辛苦，他還是這麼做。從這個角度出發，我反而覺得左拉了不起，這是一個有理想的人，一個敢於實踐的人。從這個意義上說，《萌芽》和《農民》很有意義，它提供了一個完整的實驗文本。它們再難讀，大學老師們還是會建議同學們去讀。

張　莉：他是先行者，知其不可為而為之。但也有小說家有另外的了不起的嘗試，比如福樓拜。

畢飛宇：福樓拜的小說很高貴，對，高貴。我說的是他小說的氣質。小說是有氣質的，人們都在說作家的才華，什麼思想，什麼想像力，什麼情感，一大堆。在我看來，小說家最大的才華是這個——你賦予小說怎樣的氣質。這個有點空洞，但是，如果你寫，或者說，你有一定的閱讀量，你也許覺得我說的不是空洞的東西，是很現實的。氣質好的小說實在是難得。就說福樓拜，在福樓拜面前談論主義多少有點無聊，什麼批判現實主義、浪漫主義、自然主義，這些都很無聊，我讀《包法利夫人》幾乎就想不起什麼主義來，我就覺得小說就該是《包法利夫人》這種樣子，小說就該這麼寫。無論什麼主義，無論什麼思潮，小說這樣寫都是好的。

張　莉：現在也有話劇導演把愛瑪的故事放在中國背景下演出，有趣，一點兒也不隔。《包法利夫人》不管放在任何時代背景，任何主義之下，依然是好小說。

畢飛宇：還有性別，不少人和我開玩笑，說我是女作家，其實，福樓拜才是真正的女作家。我說這個是什麼意思？我是說，最好的小說不該呈現出性別。小說是有性徵的，雄性特徵或雌性特徵，過分強烈的性徵會傷害小說。海明威是那麼好的作家，但是，在小說裡，他有雄性方面的虛榮，他始終想在文字裡頭證明自己的雄性，這個傷害了他。我可沒有瞎說，你看看〈老人與海〉，多麼棒的一部小說，太棒了。可是，有一個糟糕的結尾，桑迪亞哥筋疲力盡，趴在床上，掌心朝上，手爛了，疼嘛，所以掌心不能朝下，他睡著了。小說如果在這裡結尾，簡直就完美。可是，海明威不甘心哪，他雄性大發，加了一句話，說，桑迪亞哥夢見了草原上的獅子。我真想抽他！當然了，我打不過他。桑迪亞哥從海上回來，耗盡了最後一絲力氣，和死了也差不多，哪裡還有力氣做夢？這是第一，第二，他在海上都和鯊魚交過手了，那是多大的場景，多強的對手，你還草原，你還夢見獅子，太小兒科了。這個結尾全是虛榮心害的。

張　莉：哈哈，沒有這些，哪能叫海明威呢！

畢飛宇：《包法利夫人》沒有性徵方面的負擔，刻意去強調雄性，或刻意去強調雌性，在包法利那裡偏於雄性，到了愛瑪那裡又偏於雌性，有雌雄同體的意思。該細膩的地方細膩，很瑣碎的，宏觀上，大局觀又控制得那麼好。一個年輕人問我怎樣寫小說，我說：「去讀《包法利夫人》，什麼時候你覺得它寫得好了，你就會寫小說了。你能寫多好我不知道，但是，至少不會爛。」我沒有開玩笑，我說的是真心話。福樓拜的細膩是很高級的。

張　莉：這個甚合我意，好的小說家應該是雙性同體，曹雪芹就是一個例子。

畢飛宇：在福樓拜面前，我就覺得左拉是個死心眼，專門做吃力不討好的事情。他們的天賦的確有區別的。在場面描寫方面，左拉花兩萬字通常不如福樓拜的兩百字，《包法利夫人》給我一個印象，無論是一只皮鞋還是一件毛衣，無論是一個裝幀還是一棵植物，能被福樓拜描寫，那是它們的福分。妥當，你知道嗎，很妥當。

張　莉：福樓拜的小說具體，同時又可以建構一個整體。

畢飛宇：是這個意思。如果我們庸俗一點，生造一個說法，那就是文學經濟學吧，《包法利夫人》

是性價比極高的小說，小說裡頭幾乎看不到無效勞動。我在一本書裡頭讀到過，說福樓拜修改小說很用心，這個是一定的，看得出來的，一定有大量的刪除和修改，要不然達不到那樣的精度。還有一本書裡頭說，巴爾扎克對篇章和語言也很認真，如何刪除，如何修改，他自己也這麼說，可我不認可，作品在那兒呢。巴爾扎克還是粗疏，許多地方過於簡陋了，太不講究。——舉一個簡單的例子，你看《驢皮記》，無論它多好，有一點就說不過去，主人公說話了，一口氣說了一本書一大半的篇幅，這在結構上多難看。也許他有他的想法，反正我有異議。我絲毫也不敢詆毀巴爾扎克，但是，在福樓拜的面前，他草率，我不管文學史怎麼說，我只認文本，靠事實說話。

張　莉：福樓拜冷靜、客觀，你在他那裡看不到一絲一毫低級的感傷，他的眼睛是「火眼金睛」，所有的一切在他那裡都可以現出原形，他能在更深層次上認識人和人性。有時候我想，這樣的小說家真的是偉大啊！比如，世界上原本沒有「阿Q」，魯迅在文字的虛空裡將他創造了出來，於是，這個人就停留在我們的大腦裡了，甚至成為我們民族記憶的一部分，與我們的日常生活如影隨形。還比如，一位家庭主婦出軌的新聞激發了那位叫福樓拜的小說家的強大想像力，他便為這位虛構的愛瑪身體注入心靈、骨骼以及血肉，他還原了她的所有生命和愛欲，不僅僅使她生長在彼時的法國，也使她生長在各個時代、不同國度、不同膚色、不同面容的女人身體內部，生生不息。這種創作力真迷人。——福樓拜和《包法利夫人》對你創作有影響嗎？

畢飛宇：有影響，這個影響很難說是哪一部作品，是心態上的東西。《包法利夫人》不只是才華，還有才華後面的心態，福樓拜寫作的心態非常好，這是死無對證的東西，你可以讀出來，李敬澤喜歡用一個詞，叫靜水流深。

張　莉：他不只靠才華，也靠訓練，他有自我規整，自我要求嚴苛。對了，你好像不太感冒奧斯汀似的。

畢飛宇：沒有哇，沒有。是這樣的，我不理解奧斯汀為什麼會火成那樣，也不了解她在英語世界為什麼會有那麼高的地位，這個我真的不理解。有一次上海圖書館給了我一個任務，給上海的文學愛好者講《傲慢與偏見》，我花了很大的力氣去研讀，我還是不理解。

張　莉：奧斯汀對日常生活的能力令人讚歎，她能寫出日常生活的深刻性。對人的理解有普世性，她筆下的那些女人心思，恨嫁心切，有跨越歲月的魅力，栩栩如生。

畢飛宇：但是我現在有點理解了，這個有點理解發生在美國。那一年我在美國逛書店，其實很虛榮，想找我自己的書，結果也沒有找到，卻遇上了英譯本的《紅樓夢》。封面很怪，是我們印象裡馬克．吐溫的那個風格，很古典的。書已經很髒了，很破，一看就知道是那種放了很久卻無人問津的書。當時我就想了，西方人讀《紅樓夢》？那不是開玩笑嗎，那麼多的詩詞曲賦就可以弄死你。我一直說，《紅樓夢》是絕版，它只屬於漢語的世界。許多西方人說他喜歡《紅樓夢》，別聽他們的，那是「國際交流」，絕大部分是客套。在西方，我們也談起《紅樓夢》，如果一個人說，我看不下去，我會尊敬他，絲毫也不會瞧不起他，如果他搖頭晃腦，哇唔，太棒了，我差不多就可以認定他是一個老滑頭。

張　莉：想起個段子，一個外國年輕人讀《紅樓夢》，他百思不得其解的問題是，林黛玉和賈寶玉為什麼不私奔？這就是不懂，這就是文化的隔膜。你接著說奧斯汀吧。

畢飛宇：也巧了，沒多久，我去倫敦，飛機上正在播電視劇，那就是《傲慢與偏見》，我身邊是一個英國老太太，我就指著屏幕問她，你喜歡這本書嗎？老太太又吃驚又自豪，那個表情是說，你怎麼能這麼問呢？我怎麼能不喜歡這個呢？不喜歡我多沒文化。接下來，我就問為什麼，她說了一大嘟嚕，我根本聽不懂，但是，有兩個單詞我聽得懂，是我的常用詞，一個是 taste，一個是 humor。這個 taste 我是可以理解的，它伴隨著母語，一翻譯這個 taste 就喪失了，這個我理解。我無法理解的就是這個 humor 知道嗎，我讀《傲慢與偏見》的時候一點也沒有感受到它的 humor，一點都沒有，你有嗎？

張　莉：奧斯汀小說裡的幽默我有的能體會，有的也不能。我也不相信外國人能讀懂《紅樓夢》，極少數漢學家大概可以。

畢飛宇：《傲慢與偏見》其實就是一個戀愛的故事，如果用更加世俗一點的語氣，就是小戶人家嫁女兒的故事，我們今天看到的韓劇走的就是這個路子，很受歡迎。但是，我們不該忘記《傲慢與偏見》內部的兩樣東西：一、道德，二、因果律。這是康德始終感興趣的一個話題。如果我們把這兩者混合起來，《傲慢與偏見》寫的其實就是這個：道德因果律。這是全人類都喜愛的一個話題，比「三言二拍」也高級不到哪裡去。問題出在哪裡呢？這是一部用現代英語，也就是世界語寫成的作品，這一點是很關鍵的。品行好，嫁得好，品行不好，嫁得不好，這樣的作品父母最愛，可以讓自己的女兒好好學習嘛。但是你也不能說《傲慢與偏見》這樣的作品沒有意義。很有意義，從神到上帝，從上帝到英雄，從英雄到傳說，瑣碎的、日常的普通人終於可以成為小說的主人了，每個人都可以從小說裡看到自己。我也許還要補充一下，西方小說裡的道德因果律和中國明清小說裡的道德因果律表面上是一樣的，骨子裡很不一樣，西方的因果是邏輯上的，屬理性主義的範疇，中國的因果和邏輯無關，和理性主義更無關，相反，是非理性的，它和佛教裡頭的輪迴有關。這個區分是極其重要的。傳統意義上的中國文學一般都不怎麼涉及理性。

張　莉：這個補充很關鍵。我們的文化從根子上走的就不是理性主義的路子。

畢飛宇：回到文化交流吧，我不太相信文化交流這個東西，一點兒都不相信。都是各自的歷史所形成的東西，那麼漫長，除非你把對方的歷史從頭來過。但文化交流又是重要的，為什麼重要？我指的是態度，要親善，不要對抗，這個對大家都好。文化在本質上是隔膜的，無法穿透。不要悲觀，世界就是這麼一個東西，好玩就好玩在這裡，可愛就可愛在這裡。我們可以用來交流的文化都是淺表的，到了一定的深度，他是他，我是我，你是你。能坐在一起喝杯咖啡就很不錯了，別指望走進人家的內心，那個不好，沒必要。

張　莉：本質意義上就是隔膜，不過，少數文學作品在某個特定層面也是可以達到一種溝通的，比如雖然我們不能完全讀懂莎士比亞，但哈姆雷特，或者羅密歐與朱麗葉的痛苦我們也能體會。

畢飛宇：樂觀一點兒說，文化有它的中間地帶，在這個中間地帶，我們可以相互了解，到了兩側，到了頂端，那些帶有本質屬性的部分，我反正不樂觀。

張　莉：中間地帶的說法我同意。可是，你說，有沒有這樣的情況，一個作家，在自己文化的內部不容易得到認可，換了一個文化環境，卻又成功了？

畢飛宇：你的這個說法有意思，這樣的例子也有，雖然不是常態，但是有。當年的莎士比亞就是一個最好的例子，這個大家都知道了。諾特博姆，寫《儀式》的那個，前年我們在上海還有過一次對話。今年五月，我在萊頓大學，沒事的時候和那裡的漢學家聊天，聊起諾特博姆了。

荷蘭的漢學家告訴我，諾特博姆很有意思，他在荷蘭一直默默無聞，批評家和讀者也不待見他，後來，他在德國突然紅了，荷蘭人一想，他在德國都這樣了，我們也不能虧待他，荷蘭讀者這才接受了他。

張　莉：這就是我們說的出口轉內銷吧。

畢飛宇：徐林克在德國就是這樣，他在中國很有影響力，可是，德國文學似乎不認他，把他看得很低。圖爾尼埃在法國幾乎也是這樣。

張　莉：徐林克我讀過，沒讀過圖爾尼埃。

畢飛宇：他的代表作是《榿木王》，許鈞在九〇年代翻譯過來的，我特別喜歡的一個作家。

張　莉：是嗎？

畢飛宇：真的很好，許多法國人都不知道他，很可惜。我專門問過勒．克萊喬，勒．克萊喬倒是給了他很好的評價。一個好作家在自己的國家得不到認可是可能的，有些被高估，有些被低估，各行各業都有這樣的情況。

張　莉：印象中你有過關於《紅字》的文章，或者分析過。

畢飛宇：應該沒有，也許就是提了一下，我沒有專門寫過東西。我讀《紅字》是很功利的，我記不清在哪裡讀過一篇文章，說的是《紅字》和象徵主義的關係。我是為了尋找這個關係才讀《紅字》的，很陰森。我沒有找到它和象徵主義的關係，也許能力還不夠，我看到的依然是批判現實主義的那一路，道德、信仰、欲望、貞操、罪和罰，這一路的小說都很陰森。這個小說給我的記憶一點也不是象徵主義，而是人物塑造，還有基本性的結構，白蘭、丁梅斯代爾、齊靈渥斯。這樣的三角關係是可以構成許多小說的，主題不一樣，目的不一樣，但是，基本的小說結構是一樣的，《巴黎聖母院》有這樣的三角結構，愛絲美拉達、菲比斯、克洛德．孚羅洛副主教，中間還夾著一個加西莫多，《黛絲姑娘》也有這樣的三角結構，黛絲、亞歷克，安傑，——對了，我寫過《黛絲姑娘》的文章，那是二〇〇八年，你也許弄混了，這一路作品的確很容易混的。一女兩男的結構是最通常的，《包法利夫人》也一樣。所以福樓拜說過一句特別著名的話：「文學就是通奸。」

張　莉：文學就是要面對欲望和惡，還有文化的演變。

畢飛宇：說起惡，我特別想和你說《蒼蠅王》，這部作品讓我受了一點刺激。好小說的特徵在哪裡呢？在惡。老實說，別看我是一個寫小說的，其實我很早就開始懷疑文學了，文學的意義究竟在哪裡？文學到底放大了人類的善，還是放大了人類的惡？這個挺糾結的。我讀《蒼蠅王》的時候已經在工作了，有一把年紀了，讓我吃驚的不是人性之惡，而是《蒼蠅王》的對象，那是一群孩子。理智上，你可以接受，情感上，你又很難接受。其實我自己就面對過這個問題，《平原》裡頭一個孩子被淹死了，我要面對這個問題。《蒼蠅王》所面對的其實是一個常態性的東西，權力、派系、爭鬥，在這個過程裡，人性所有的負面都出來了。我在十多年前就開始反思這個問題，你也許注意到了，我在《羊城晚報》寫過一篇短文，我承認了一件事，作家是不潔的。這是我很真實的一個感受。我怎麼想起來說這個的呢，主要是《玉米》紅了，很多很多的大學生和我討論惡的問題。

張　莉：如何理解和書寫人性之惡是個很嚴肅的問題。十多年前王朔寫過鐵凝的印象記，裡面有句話，大意是說，創作應該是對人性發現而非對人性的肯定，大概也因此，他看重《玫瑰門》和〈對面〉。我對這個「人性發現」的說法深以為然。作家不能看到人性之惡而視而不見。如果看我們不能要求所有作家都寫惡，但是，作家應該做到你看到哪一步就得寫到哪一步。如果看到人性之惡而故意閃避，故意去塗脂抹粉，那是違背良心，有悖職業道德。

畢飛宇：《玉米》和《平原》之後，我很懷疑自己的工作，所以我才寫了那篇文章。人性是惡的，好，你可以這麼認為，我也這麼認為。小說家所做的工作是什麼呢？是盯著人性惡這個礦井不停地開採。這有沒有必要？我不知道。有沒有必要開採得那麼深？當我意識到作家不潔的時候，我很難過。可是，又必須寫下去，對吧？

張　莉：作家就是要向人性的更深處探尋，以帶領我們更深入理解和認知這個世界。一位大作家，面對人性的深淵首先應該是不回避，福樓拜寫包法利夫人，魯迅寫阿Q，托爾斯泰寫安娜，他們寫的是善和溫暖？他們寫的是人性，寫的是人性的善與惡的交集處和混沌處，他們寫的是我們凡人所不能抵達之地。我以為，偉大作家首先要有個強大的、有承受力的心臟，他必得是「臨淵的勇者」。作家必須對自己的內心誠實。

畢飛宇：作家最為困惑的問題也許就是一個誠實的問題，這裡頭存在著一個社會倫理和小說倫理的悖論。老實說，我的腦子裡一直有兩句話，第一句，好的作家是不能撒謊的，第二句，好的作家是必須撒謊的。我覺得這個問題我有點說不清楚了，有些亂，我說不好了，我們休息。

張　莉：接下來我們講講誰呢，莎士比亞吧？

畢飛宇：我最早讀莎士比亞是《十四行詩》，我渴望通過他的詩句去找到那個「深色皮膚的女人」，結果沒找到，這是我對詩歌特別絕望的地方，詩歌永遠在詩人自己這個地方繞過來繞過去的，我渴望的卻是對象，這是我寫不好詩的重要原因。

我知道莎士比亞這個名字很早，還是孩子的時候，聽我的父親說過。我喜歡這個名字，很好聽，聽上去很像外國人。後來，等我看到「莎士比亞」這四個字的時候，特別親近，就是沒有距離。這是沒有道理的。

張　莉：這個就叫薰陶吧，耳濡目染。

畢飛宇：在古今中外的文學史上，莎士比亞也許是最為特殊的一位作家，我估計，即使你不是一個文學愛好者，你也會讀他。這個人厲害，他就是一個凡人，可他對生活的理解非同一般，他對人性的理解更是非同一般，別看他寫了那麼多的宮廷、國王、歷史，那是一個假象，他寫的都是普通人的基本面，《哈姆雷特》寫的哪裡是什麼王子，就是人性最基礎的東西，復仇和愛情，你要哪一個？莎士比亞告訴我們，復仇的力量大於愛，奧菲麗亞，那個是可以裝瘋放棄的，人類的歷史可不就是這樣的嘛。是什麼推動了人類的歷史？仇恨還是愛？是仇恨，是戰爭。這是很不幸的。莎士比亞是一個對愛極度敏感的人，可他很悲觀。他的悲觀是對的，愛這個東西很脆弱，《羅密歐與朱麗葉》告訴我們一件事，愛很容易被外部的力量擊碎，社會和倫理都可以擊碎，《奧塞羅》則告訴我們另外的一件事，愛很容易被內部的力量擊碎，那就是嫉妒和不信任。在愛面前，是外部的破壞力更大還是內部的破壞力更大？這個我們不知道，用哈姆雷特的話來說，這是一個問題。可是，我今天不打算唱「莎士比亞之歌」，我想和你談點別的。

張　莉：好哇。

畢飛宇：我特別想談談一個作家的局限。

張　莉：你意思是說，想談談莎士比亞的局限？

畢飛宇：沒有一個作家沒有局限，某種時候，我甚至想說，是局限成就了一個作家。

張　莉：那你告訴我，他的局限到底在哪裡？

畢飛宇：今年三月，威尼斯博物館聯盟邀請我去威尼斯做客，我每天在威尼斯看博物館。有一天，給我做翻譯的小朋友向我發出了邀請，他們家沒去過中國人，讓我去坐坐。我就去了。結果呢，他們家坐落在猶太人區，很破。要知道，在歷史上，猶太人區是封閉的，到了晚上，他們不得離開自己的區域，身上也有明顯的猶太人標記。

你還記得《威尼斯商人》吧，那個高利貸商人夏洛克，他的家也許就住在這裡。面對夏洛克這個異教徒，莎士比亞的仇恨是毀滅性的，他把一個作家所能體現出來的仇恨全部倒在了夏洛克的頭上。在今天，我不會去指責莎士比亞，我想沒有人會去指責莎士比亞，但是，回過頭來再去看《威尼斯商人》，你會覺得那種仇恨非常突兀、簡單、殘暴，很畸形。這就是歷史的局限，歷史的局限勢必落實在作家的身上。

你一定記得莎士比亞說過這樣的一句話，是讚美人類的，「宇宙的精華，萬物的靈長」，這句話差不多成了文藝復興讚美人類最著名的一句話了，全世界都知道這句話。可是，我想提醒你一下，這個「人類」只包括基督徒，非基督徒不在這個「人類」的範疇之內，異教徒也許就不算人。我說這些的時候不是給莎士比亞減分，相反，我只是想強調，歷史是有局限的，我們不能簡單地把這些局限都算到作家個人的頭上。

張　莉：這樣的局限不只是在莎士比亞那裡。剛才我們說的奧斯汀，在她《曼斯菲爾莊園》裡，就有關於英國殖民地安蒂瓜的敘述，薩依德在《文化與帝國主義》裡把這部小說「當作一個正在擴張的帝國主義冒險的結構的一部分」進行閱讀，他發現小說「穩步地開拓了一片帝國主義文化的廣闊天地」。這使人意識到潛藏在語言背後的奧斯汀的眼光——其中含有對殖民地從屬地的一些驚人的總體立場。薩依德的這些分析很有道理，但小說家不是聖人，她當然有她的歷史局限，不過，她之所以偉大，也是因為她的小說記錄了歷史，但卻沒有重複歷史，小說中，奧斯汀面對世界和歷史時還是有她的複雜性的。

2 俄羅斯文學

張　莉：你獲得「亞洲文學獎」的時候，評委會的主席大衛說，你是中國的契訶夫，談談契訶夫吧。

畢飛宇：這個真是過獎了，不敢，大衛這麼說也許是針對一個作家對待社會的態度而言的，比方說，諷刺，再比方說，關於奴性心理的刻劃，這些當然有類似的地方，另一個呢，就是幽默了。說起幽默，這對我來說簡直就有點像笑話，我從不覺得我是一個幽默的人，我也不覺得我是一個幽默的作家，但是，好玩就好玩在這裡，許多不同國家的書評人和記者都把幽默這個偉大的帽子往我的頭上扣，我認真地辯解過，說自己不幽默，結果大家就笑，這一笑我就不知道怎麼才好了，我的幽默已經成了一件很幽默的事了。契訶夫是幽默的，他就是在幽默雜誌上起家的，不幽默也幽默了。幽默就離不開誇張，契訶夫很誇張，可我不誇張，所以，我個人認為，我的小說風格和契訶夫相差比較大，中國作家裡頭和契訶夫最像的還是魯迅，〈阿Q正傳〉、〈風波〉都是那個路子上的精品，你可以看到〈小公務員之死〉和〈套中人〉的影子。在這裡我也許還要區分一下魯迅的幽默和一些英國作家幽默的區別，英國作家的幽默裡頭有一種恬淡、優雅，魯迅的幽默卻來自憤激，恩格斯說，憤怒出詩人，其實，憤怒到了一定的地步，也會產生幽默，這裡的心理機制是有區別的。

俄羅斯作家的幽默其實是有傳統的，英國式的幽默有它優雅和高貴的一面，俄羅斯的幽默卻是草根的，粗魯，也許還蠻橫。和英國作家不同，俄羅斯的貴族作家很少有幽默的特徵，但是，出生寒門的作家往往流露出一種粗魯的幽默，契訶夫來自小商人的家庭，果戈里直接就是一個鄉下人，馬克・吐溫雖然是美國人，但是，這個美國的鄉巴佬和果戈里一樣，支撐他的不是知識分子智慧，而是我們鄉下人的民間智慧。馬克・吐溫說：「戒菸太容易了，我都戒了一百回了。」這哪裡優雅？是粗人的智慧。在這一點上魯迅真的和他們挺像的，魯迅雖然是一個大知識分子，但是，他有很強的民間性，一點也不缺乏民間智慧，他在幽默的時候體現出來的反而是他的草根性。魯迅很刁蠻，這是魯迅可愛的地方之一，雖然魯迅不能算一個可愛的作家。

張　莉：莫言也有這樣的特徵啊，幽默中體現出民間性和草根性，那種強大的民間性，很智慧，很可愛！

畢飛宇：對，莫言也有，莫言可愛。

張　莉：嗨，剛剛進入俄羅斯文學，我們怎麼討論起幽默來了？

畢飛宇：謝謝張老師。契訶夫，俄羅斯文學。說起俄羅斯作家，我的腦子裡突然就想起列寧，我在一本書裡頭看到過，記不清是誰寫的了，有一次，列寧和他談起托爾斯泰，列寧問了一個問題，除了俄羅斯，世界上還有托爾斯泰這樣的作家嗎？作者寫道：列寧瞇起了眼睛，自己回答說，沒有了。我很喜歡這句話：「列寧瞇起了眼睛，自己回答說，沒有了。」這個扯遠了。對俄羅斯的作家群，契訶夫、屠格涅夫、托爾斯泰，我對他們始終有一個感覺，這群男人都是女的，這句話不準確，準確地說，他們都是母親。他們的感情方式是母親式的，他們的作品裡有母愛。這是俄羅斯文學最大的特點。

張　莉：吳爾芙有個評價，她覺得俄羅斯作家的共同特點是「樸素和人性」，他們不是用頭腦去同情，「因為用頭腦是容易的，要用心靈去同情」，說得挺準的。

畢飛宇：有人說，俄羅斯是東正教，他們崇拜聖母，所以，作品中女性的形象特別多，在我看來，這是不準確的，準確地說，這不是一個女性形象多的問題，而是作家的情感方式問題。每個作家都有自己的情感方式，有些是兄弟式的，有些是姊妹式的，有些是朋友式的，有些是情人式的，有些是父親式的，俄羅斯作家的情感方式是母親式的、一古腦兒的。俄羅斯的文學有一種與生俱來的博大，這個和它的情感方式有關，俄羅斯的文學裡有一種很絮叨的氣質，我說的不是囉唆，是絮叨，千叮嚀萬囑咐的樣子。

張　莉：像母親一樣的千叮嚀萬囑咐。

畢飛宇：我寫過一篇文章，談到了契訶夫，我說的是〈萬卡〉，我說，這個短篇提升了我對短篇小說的認識。我給你講一個故事，很多年前，我和《小說選刊》的崔艾真通電話，她要給我郵寄東西，我就給她地址，崔艾真和我開玩笑，說，不要地址了，你是名人，寫「鄉下爺爺收」就可以了。就是這句話，我一個人在那裡站了好半天。這句話我在少年時代就知道了，誰不知道呢，可是，幾十年過去了，這句話情感的力量還在，不是還在，是隨著年歲的增長，它的力量體現出來了。為什麼？我做了父親了。我體會到了萬卡的心境，一個孩子飽含著希望，但是，所有的大人都知道，那是沒有希望的，這個太教人心疼了。寫出「鄉下爺爺收」的這個作家一定是俄羅斯的，這個和才華無關，和情感的方式有關。我有一種直覺，契訶夫寫「鄉下爺爺收」的時候是想搞幽默的，一個小傻瓜，他居然這樣無知，寫「鄉下爺爺收」，可是，契訶夫一出手，卻成了這樣的一個結果。俄羅斯的文學就是一個愛孩子的母親，同時也是無能為力的母親。它有極大的情感力度。在我的眼裡，俄羅斯文學對世界文學最大的貢獻就在這裡，母性的情感方式。俄羅斯的文學始終有一種包容性和綿延性，原因就在這裡。

張　莉：前面我們談到了「文學之心」，事實上我覺得契訶夫在這個問題上是典範。他真是知道哪裡有小說、哪裡有文學的小說家。我們讀他小說的時候，常常會冒出疑問，「這是小說嗎？」答案是肯定的，這就是小說。不說他的〈小公務員之死〉，就說那個大學生與郵差的故事吧，小說讓人迷惑，他到底寫的是什麼呢。可是，讀完後很久我們都不能忘記那個場景，兩個人對話的場景，他對人與人心靈碰撞出的那種火花的精微刻劃讓人嘆服。契訶夫有非同一般的觸覺和文學發現能力。他寫的是與我們通常理解的小說含義相悖的文本，但是，讀完之後你會覺得，其實他寫了心靈的微妙，人的靈魂的微妙，這個是他最大的魅力。

畢飛宇：文學是開放的，多元的，這個沒有異議，條條大道通羅馬，可是我還是想說，俄羅斯的文學很正，純正的正，我一直有一個感覺，它走在很正的道路上，不是小路，不是旁門左道。文學嘛，哪能缺少了多樣化，我自己也做不同的探索，可是，在我內心的深處，還是喜歡正的東西，我喜歡走大路。許多人有一個誤解，以為選擇大路是為了省力氣，我告訴你，正好相反，走大路是最費力氣的，省力氣那是挑近路。我喜歡純正的文學趣味，它需要作家一步一步地往前推。正因為這樣，俄羅斯文學又出現了另一個特點，他們的作家都是藍領，屬幹苦力的那一類。

張　莉：幹苦力這個評價，還真挺適合俄羅斯文學的。——你剛才說絮叨？

畢飛宇：不能說契訶夫有多絮叨，契訶夫喜歡的是「惡搞」，逮住一個點，不停地、無限地誇張，往死裡「整」。說起絮叨，在我的閱讀感受上，最典型的是杜斯妥也夫斯基了，他絮叨了一輩子，苦口婆心。都說杜斯妥也夫斯基偉大，理由呢？我提供一個理由，為了一件事，他絮叨了一輩子，還有比這個更偉大的嗎？沒有了，我真想把眼睛瞇起來說這句話。

張　莉：吳爾芙對杜斯妥也夫斯基小說有個比喻，她說是一種「翻騰的漩渦，盤旋的沙暴，嘶嘶沸騰的噴水口，要把我們吸進去。」

畢飛宇：吳爾芙還是把杜斯妥也夫斯基當作強者來看了，也許是對的。可是，不知道為什麼，我的心裡，他始終是一個弱者。對杜斯妥也夫斯基，我很崇敬，卻也有疼愛。我再強調一遍，我所說的絮叨不是語態上的，是情態上的，是氣質，是態度，苦口婆心，婆心，你看，又是一個很女性的東西。杜斯妥也夫斯基是這樣的一種人，你起床了，他在那裡絮叨，你吃中飯了，他在那裡絮叨，你睡覺了，他在那裡絮叨，春天來了，他在那裡絮叨，冬天來了，他在那裡絮叨，你的鬍子都白了，他還在那裡絮叨。從精神狀態來說，這不再是文學的熱情，它是宗教般的狂熱和偏執，像布道，耐心、饑寒交迫，還沒完沒了。他在和你比耐心，這是很卑微的，只有弱者才會和你比耐心。杜斯妥也夫斯基的偉大就來自這種卑微，我不太認同杜斯妥也夫斯基是偉大的思想家這個說法，他只有很普通的思想，甚至是落後的，尤其在後期，說到底就是《聖經》的思想，他的思想停在了中世紀。我們閱讀杜斯妥也夫斯基的時候，不需要為他思想的艱深而掩卷沉思，像讀赫塞那樣，他的作品也沒有去呈現他強有力的思辯，不是這樣的，他的偉大不在這裡。他的偉大是全心全意地為他的心願服務，像永不生鏽的螺絲釘，一直在那兒，永遠在那兒，這個東西普通的心靈是沒有能力去實踐的。他卑微，卻無與倫比，他不是凡人，他是半人半神的，很像阿基里斯，有致命的缺陷。這是氣質性的東西，沒有榜樣的意義，你沒法去學。他的卑微極為崇高。康德在《判斷力批判》裡說，崇高就是數量上的巨大，杜斯妥也夫斯基的沒完沒了，體現出來的正是這種數量上的巨大，開闊，巍峨。

張　莉：杜斯妥也夫斯基寫的是人的靈魂，人的靈魂深處的東西。吳爾芙在〈俄國人的角度〉中評價了杜斯妥也夫斯基，我非常喜歡那篇評論，「無論你是高貴還是樸素，是流浪者還是貴婦人，對他都是一樣的。無論你是誰，你都是這種複雜的液體，這種渾濁的、動盪的、珍貴的東西——靈魂的容器。……什麼都不在杜斯妥也夫斯基的領域之外；當他疲倦的時候，他不是停止，而是繼續。他不能克制自己。它傾瀉出來，滾燙，熾熱，混雜，可怕，壓抑——人的靈魂。」當然她也評價了契訶夫和托爾斯泰。

畢飛宇：靈魂深處的東西，從這個說法出發，真是有點可悲了，某種程度上說，杜斯妥也夫斯基是種豆得瓜、種瓜得豆的典型。就說《卡拉馬助夫兄弟》，他最在意的人物是誰？一定是阿遼沙，這個是很顯著的。這個人物寄託了杜斯妥也夫斯基的理想，可是，這個人物很失敗，幾乎就是一個符號，對杜斯妥也夫斯基來說，這樣的失敗已經不是第一次了，《罪與罰》裡的梅思金也一樣，一樣失敗。我們都知道高爾基是怎麼評價梅思金的，梅思金被「寫成了一個白痴」，這句話文學史裡有，很不客氣，很不給面子。可是，同樣是靈魂的深處，杜斯妥也夫斯基一寫到靈魂深處的「惡」，他的天才就全部爆發出來了，《卡拉馬助夫兄弟》我們最熟悉了，你看看大兒子德米特里這個混蛋，再看看二兒子伊凡這個小人，再看看老卡拉馬助夫，這個老流氓塑造得實在是太好了，活靈活現的，我至今都記得他在教堂裡的那副模樣，還有他說話的那副腔調，他壞到近乎可愛了，寫得太好了。問題就在這裡，如果杜斯妥也夫斯基還活著，聽見全世界的讀者對他說，你寫的理想人物都失敗，你寫靈魂深處的惡都很成功，我估計杜斯妥也夫斯基會發瘋，他一定會認為作家這個職業太髒了。他也許會像卡夫卡那樣，讓人把他的書全燒掉。當然，這是我的假想，可是，即使是假想，依然讓我很難受。

張　莉：我讀杜斯妥也夫斯基感覺到很混沌。本來清晰明亮的世界，在他這裡一下子變得模糊不清，他有種讓人和他一起發瘋的魔力。紀德很欣賞他，說在杜斯妥也夫斯基筆下，我們見不到任何的線條上的簡化和淨化。「他喜歡複雜性，他保護複雜性。情感、思想、愛欲從不表現為純的狀態。」杜斯妥也夫斯基似乎也不是特別講究技巧，好像上帝在拿著他的手寫作似的，他好像完全不去想寫作技巧這回事兒。大概也因此，納博科夫很不喜歡他，覺得他平庸。我覺得主要是這兩個人氣質犯沖。事實上杜斯妥也夫斯基怎麼是平庸的呢，他有一種強大的奇異的魅力，具有非凡的吸引力。

畢飛宇：別看托爾斯泰是那麼狂熱的一個教徒，又是貴族，其實托爾斯泰才是一個凡人，他是有「俗骨」的，他更關心世俗，這個從作品中看得出來，這是對的。我沒有說托爾斯泰不如杜斯妥也夫斯基的意思，真的不是那個意思，我只是說，他們都是巔峰級的作家，但他們不是一路人。你看看杜斯妥也夫斯基臨死的時候是怎麼對他的太太說話的：我從來沒有背叛過你，連這個念頭都沒有產生過。「連這個念頭都沒有產生過」，這句話讓人動容。我不是他的太太，我信不信也無所謂，可是我信。我把天下的作家都懷疑一遍我也懷疑不到杜斯妥也夫斯基的頭上，我相信這個作家，我相信這個人。都快死了，他在意的是什麼？還是自己的

「念頭」。

張　莉：所以說，靈魂是杜斯妥也夫斯基創作的關鍵詞啊，他終生都關注這個，他在《卡拉馬助夫兄弟》手記裡也坦率承認，他的工作是「以完全的寫實主義在人中間發現人。」他完全不承認自己是心理學家，他說他是「在高的意義上的寫實主義者，即我是將人的靈魂的深，顯示於人的。」

畢飛宇：對，靈魂是他的關鍵詞，絕對是。他守護靈魂的時候彷彿一個智障，是有點「白痴」的味道。我再說一遍，我很崇敬他，可他也讓人疼愛。這是他最為動人的地方。我沒有學過杜斯妥也夫斯基，從來沒學過，我十分清楚，那個是沒法學的。如果我決定學習他，我首先必須具備巨大的宗教情懷和犧牲精神，我不具備這個東西，這年頭的中國人怎麼會有巨大的宗教情懷這種東西呢，近乎可笑了。在我三十多歲的時候，我對李敬澤說過，我渴望成為杜斯妥也夫斯基那樣的作家，可是，因為理解力不一樣了，我再也不會那樣說了。我的基因不是那樣的。我不學他沒關係，這個世界上沒有第二個杜斯妥也夫斯基也沒關係。

張　莉：中國現代作家中，魯迅似乎對杜斯妥也夫斯基很關注，評價也懇切，很少能看到魯迅如此評價一位同行，「惺惺相惜」。你知道的，他說杜斯妥也夫斯基的寫作是「『在高的意義上的寫實主義者』的實驗室裡，所處理的乃是人的全靈魂。」原話是，「凡是人的靈魂的偉大的審問者，同時也一定是偉大的犯人。審問者在堂上舉劾著他的惡，犯人在階下陳述他自己的善；審問者在靈魂中揭發汙穢，犯人在所揭發的汙穢中闡明那埋藏的光耀。這樣，就顯示出靈魂的深。」哎，你發現沒？魯迅在評價杜斯妥也夫斯基，便是在評價他自己。

當然，我更喜歡魯迅後來在另一篇文章裡的評價，有次寫論文時還引用過，他說，「他把小說中的男男女女，放在萬難忍受的境遇裡，來試煉他們，不但剝去了表面的潔白，拷問出藏在底下的罪惡，而且還要拷問出藏在那罪惡之下的真正的潔白來。……而這杜斯妥也夫斯基，則彷彿就在和罪人一同苦惱，和拷問官一同高興著似的。這決不是平常人做得到的事情，總而言之，就因為偉大的緣故。」雖然魯迅和杜斯妥也夫斯基的寫作風格迥異，在對於人的靈魂的關注是一致的，拷問出藏在底下的罪惡，拷問藏在那罪惡之下的真正的潔白，說得真好。

有時候我會想，大作家寫到某個程度，可能都會「回心」，回到心靈內部，回到靈魂的最深處自我反省，自我拷問。——還是說托爾斯泰吧，在你眼裡，他和杜斯妥也夫斯基的不同在哪兒？

畢飛宇：托爾斯泰不一樣。文學史上有一個通行的說法，是比較托爾斯泰和杜斯妥也夫斯基的，說「杜斯妥也夫斯基是高峰背後的那個高峰」，這句話帶有為杜斯妥也夫斯基叫屈的意思。其實，這句話非常好，很準確，為什麼呢？杜斯妥也夫斯基是背後的那個高峰，你只能看見一個白雪皚皚的山巔，你通常想不起來去攀登它，那是不可企及的。但是，面前的這個高峰呢？會讓你產生錯覺，會讓你覺得你可以接近。我就產生過這種錯覺，覺得《安娜·卡列尼娜》我也可以寫。你把文本拿過來分析，你看，無非是一個派對連著一個派對，有些是大派對，有些是小派對，不複雜。語言的形態也不複雜，雖然中間隔了一層翻譯。

張　莉：不過，再怎麼翻譯，語言還是會留下原作的痕跡的，小說的氣質還是會存在。

畢飛宇：是啊，許鈞翻譯勒·克萊喬的《訴訟筆錄》，句子很短。我專門問過許鈞，為什麼要這樣處理？許鈞告訴我，原作的句子就很短。讀托爾斯泰有點像登山，你覺得山頂就在你的面前，一問，快到了，爬了半天，一問，還是那句話，快到了。你再問，還是那句話，快到了。其實早著呢。十多年前，我在電話裡向李敬澤宣布：「我要寫《安娜·卡列尼娜》了，」李老師笑笑，說：「好吧，寫吧。」十多年過去了，我的《安娜·卡列尼娜》在哪裡呢？我現在不敢說大話了，時間太陰險了，它永遠都在守候著你。

張　莉：托爾斯泰和杜斯妥也夫斯基這些人都是天才，學不來。

畢飛宇：小說不是玄學，它不是一個玄乎的東西，可是，有些東西，明明白白的，就在那裡，你一樣不可企及。

張　莉：很多東西不是努力就可以達到的。大概我們能做的是人盡其才，不辜負上天的美意罷了。

畢飛宇：所以，功夫在詩外，這句話就是真理。小說家最要緊的，第一，站在哪裡說話，第二，面對什麼說話。這個無比重要，小說大師不是技術支撐得起來的，這句話我在讀大學的時候就知道了，但是，要想對這句話有充分的感性認識，必須在大量的實踐之後。作家總是眼高手低的，「手低」最大的原因還是在靈魂裡。張愛玲在評價蘇青的時候說：「蘇青是眼低手高的」，這句話我很不喜歡，張愛玲是個明白人，可她就是放不下她的驕傲，喜歡居高臨下。張愛玲這話說得太驕傲了，還裝糊塗。

張　莉：嗯？你不說我還沒注意張愛玲那個評價的弦外之音。剛才你批評了海明威，那就說說海明威？

畢飛宇：我很喜歡海明威，我那是雞蛋裡頭挑骨頭，誰還不會挑骨頭啊。

張　莉：看你剛才的樣子，我以為你對他很有看法。

畢飛宇：這是聊天，就是我們閒聊，都是很感性的，又不是做論文對吧？更不是寫文學史。我覺得這樣的閒聊裡頭有另外的一種真實。除了一些原則性的東西，我發現，人其實滿有意思的，尤其是他作為一個讀者的時候，一陣一陣的，有時候喜歡這個多一點，有時候喜歡那個多一點。這裡頭有年紀、閱歷的區別，還有心境的區別，區別其實挺大的。剛才我批評了〈老人與海〉，其實，這篇小說讀過不知多少遍，我特別喜歡，喜歡到了一定的地步，你就會往細處去，很細很細的地方。真是雞蛋裡頭挑骨頭。

張　莉：你說過的吧，一本書，四十歲之前和四十歲之後，其實不是同一本書。我現在也有這個感覺，以前和現在的理解有很大的區別，對作家的感情也一樣。

畢飛宇：海明威到底是一個記者，他很少描寫的，但是，他一旦描寫，絕對會讓你過目不忘。我做講座的時候特別喜歡講海明威的描寫，在〈老人與海〉裡，他是如何描寫那條大魚的，大魚跳躍起來了，海明威寫到：「海水從牠藍色的背脊上對稱地泄了下來。」我想說這樣一件事，描寫的目的究竟是什麼？在這裡，海明威的目的是描寫那條魚的大，如果你說，那條魚是巨大的，那就是平庸了。海水「對稱地」「泄了下來」，你聯想起來的是什麼？是一個大屋頂。一條魚的背脊都像大屋頂了，這條魚有多大，還要說嗎？你要承認，在小說語言這個層面，海明威是大師級的。

話說到這個地方，我特別想說一下作家的個性氣質和文學思潮的關係，海明威是一個男性氣質濃郁的傢伙，又愛運動，身體很強壯，就是這樣的一個人，他成了「垮掉的一代」的代表人物，你不覺得很特別嗎？很特別。垮掉通常是無力的、渙散的，容易讓我們想起波特萊爾、普羅斯特、卡夫卡這一路偏弱的人，可海明威是誰？大男人，純爺們，這一來他的「垮掉」就特別有意思，即使是「垮掉」，那也是雄壯有力，牛氣烘烘的，很「作」。這一點很有意思，有點對不上點。你仔細體會一下〈吉力馬札羅的雪〉，那種瀕臨死亡的局面就很「作」，在死亡的背後，還有一樣東西，叫「作死」。海明威的「垮掉」就是「作死」，他的小說人物必然會死在路上，不是死在非洲，就是死在巴黎。

張　莉：一般說來，個性氣質和文學思潮通常都是合拍的，當它出現不合拍的時候，風景也就出來了。

畢飛宇：我認為是這樣。

3 現代主義文學

張　莉：東拉西扯的，該來談一談現代主義文學了，不管怎麼說，你是上個世紀八〇年代開始文學創作的，處女作發表於一九九一年。無論你現在如何看待文學，如何看待小說，你，還有你們這一代的作家，怎麼說也不能避免西方的現代主義文學思潮。

畢飛宇：當然是這樣。可是我想強調一件事，那就是我們接受西方現代主義的路徑，這個路徑是很有意思的。無論是從實踐上來說還是從時間上說，在中國，接受西方現代主義一共有兩次，第一次是五四或五四後期的那一代，那一代作家大多都有留洋的經歷，外語好，他們和西方現代主義作家是對接的。

張　莉：沒錯，他們深得現代的精神和靈魂。人的文學，現代寫作技術，都是從那時候開始。

畢飛宇：可實際上五四和五四後期那一代作家在現代主義實踐上走得並不遠，他們不可能走得太遠，他們要啟蒙，後來還要救亡，他們渴望著他們的作品能夠有效地走進大眾，這一來就簡單了，對他們來說，最重要的是「寫什麼」，至於「怎麼寫」，他們也許把所有的注意力都放在創立「白話文」上頭了，易懂是很重要的。一篇〈狂人日記〉，除了說中國的歷史在「吃人」，那就是使用白話了。其實，放在今天看，魯迅剛剛使用白話文進行漢語小說創作的時候，他的摹本恰恰是現代主義文學。這是一部標準的象徵主義作品。

張　莉：〈狂人日記〉是具有現代氣質的小說，他的言說是跳躍的，有別於以往中國小說的敘述邏輯，偏重於心理敘述，不是情節，具有強烈的現代氣質。文學史上將〈狂人日記〉定義為中國第一篇白話現代小說，很多研究者不甘心，夏志清還說過陳衡哲用白話寫的〈一日〉比〈狂人日記〉早，另外一些研究者也找來其他一些文本，證明它們使用白話比〈狂人日記〉

早。依我看都站不住腳，他們都站不住腳，所謂現代白話小說，不只是白話，還有思維和寫作方式的變革。就是你剛才說的，小說文本中內蘊的現代主義的東西最重要，這豈是一般白話小說能達到的？

畢飛宇：一九四九年之後，我們的文學基本上蘇聯化了，這一蘇聯化不要緊，姿態確立了，那就是和西方世界的全面對立，兩個陣營嘛，冷凍了。現代主義是很西方的，現代主義在意識形態上就成了一個反動的東西。朱光潛先生當年受到批判，罪名就是用資產階級美學對抗馬克思主義。

張　莉：現代主義在「十七年」時期、「文革」時期也是「此路不通」的。

畢飛宇：新時期開始的時候創作其實不是最重要的，最重要的是翻譯。說起翻譯，啟蒙運動的時候，漢語曾經大量地被翻譯成西語，尤其是法語。但是，隨著東、西方世界經濟和軍事力量的消長，中國近代社會的開啟又必須從翻譯西方開始，五四運動也是從翻譯西方開始的，那麼，改革開放也只能從翻譯西方開始。

張　莉：邏輯上是這樣。北島的《波動》是「文革」快結束時的一部小說，非常具有先鋒實驗氣質，為什麼這位作家在那時候能夠創作出那麼氣質迥異的作品，是那些「傷痕小說」之類完全不能相比的？我想就是因為閱讀和啟蒙。北島比普通人更容易獲得來自西方的作品。再加上他有敏銳的嗅覺和旺盛的創作力，所以就有了那部先行的非常具有現代主義氣質的小說。那部小說在當代文學史上是被低估的。對了，我似乎在林白的《一個人的戰爭》中看到過八〇年代文學青年的閱讀書單，好多好雜，但如你所說，多是現代主義的。各種思潮各種流派，蜂擁而來，有如第二次五四。

畢飛宇：在我看來，所謂的現代主義，關鍵詞有兩個：一、否定，二、非理性。這就牽扯到兩個人，前者牽扯到尼采，後者牽扯到康德。否定是不難理解的，西方文化的精神就是否定，每過一個歷史時期都要來一次否定，這一點和中國很不一樣，用李澤厚和鄧曉芒的說法，中國文化的特徵是積澱。——我覺得真正有意思的是康德，說起康德，他是強調理性的，他給「啟蒙運動」所做的定義是「勇敢地使用理性」，到了他那裡，人本主義和自由意志被提到了一個很高的高度，他再也想不到，正是他的人本主義和自由意志為後來的非理性主義提供了豐厚的土壤，——他也是要接受否定和批判的。後來的史學家把康德看作西方現代主義鼻祖，看似荒謬，其實有強大的邏輯依據。古希臘人說，「認識你自己」，我覺得這句話在西方後來的兩、三千多年裡頭幾乎就是一句空話，對不起啊，我這句話不一定對，說錯了你原諒，只有到了啟蒙運動之後，「認識你自己」才真正地賦予實踐意義和社會意義。往大處說，現代主義正是「重新認識你自己」。在梅特里那裡，人還是「機器」，幾十年之後，尼采、柏格森、佛洛依德、榮格橫空出世了，整個西方的十九世紀都是反邏輯的、非理性的，直覺和潛意識大行其道，人的一個又一個黑洞被挖掘出來了。可以這樣說，人到底有多深邃、有多複雜，西方的現代主義藝術給出了一個全新的回答。

張　莉：就小說創作而言，無論是直覺，還是潛意識，都不再是我們原來的那種邏輯。

畢飛宇：不再是邏輯的。你看看現實主義，現實主義在本質上其實就是邏輯，任何現實主義小說都有這樣一個基本的邏輯關係，開端、發展、高潮、尾聲，就這樣。邏輯是現實主義的工具，也是現實主義的目的。但是，現代主義不相信邏輯了，不只是不相信外部的邏輯，也不相信內部的邏輯了，像意識流，哪裡還講什麼邏輯呢？詩歌裡的達達主義，荒誕派、超現實主義，繪畫裡的印象派、立體派、野獸派，都是沒有邏輯的，至少，不再是過去的那個邏輯。人的本能、人的直覺，人的潛意識，欲望，大踏步地進入了西方的現代主義藝術，邏輯所提供的世界不再是世界。

張　莉：有點天下大亂的意思啊。

畢飛宇：但是有一句話我們也不該忘記，是胡塞爾說的，「西方的一切非理性哲學都是理性的」，我沒有讀過胡塞爾，這句話我是從鄧曉芒先生的書裡看到的，老實說，對這句話我也不是很理解，我就把這句話放在這裡，下次再有機會見到鄧老師，我會好好地請教他。

張　莉：你還是別學了，哲學彷彿成了你的緊箍咒似的，進去了說不定就出不來了。

畢飛宇：我已經說過了，我最早知道現代主義是從王蒙那裡開始的，另一個就是朦朧詩，那大概是二十世紀七〇年代末或八〇年代初，我六、七歲的樣子。我是從王蒙那裡知道「意識流」的。我剛才也說了，我們接受西方現代主義一共有兩次，一次是五四之後，另一次就是二十世紀的七〇年代了。這一次不一樣，這一次成了「思潮」，思潮的動靜就大了。北島和顧城是這個思潮的先驅。在這個問題上小說家必須低調的，為什麼呢，詩歌總是走在「思潮」的前頭，原因也簡單，詩歌的創作周期短，它來得快，小說這東西太費時間了。也正是這個原因，小說的發展通常在詩歌的後面。詩歌是突擊隊，小說是大部隊。另外一點也必須承認，和詩人想比，小說家的敏感確實也沒那麼神經質，總體上，小說家是偏於理性的。

在這裡我要感謝一份雜誌，那就是《譯林》，是我們江蘇譯文出版社出版的一份外國文學雜誌，這個刊物在八〇年代初期做了一件好事，那就是做名詞解釋，意識流、存在主義、超現實主義、象徵主義、達達主義、野獸派，這些概念我還是看了名詞解釋之後才似懂非懂的。也不是似懂非懂，其實就是不懂，一個十多歲的孩子，對西方哲學一無所知，怎麼能懂呢？當然，後來我寫作了，許多概念就容易一些了，寫著寫著，一些感念就無師自通了。

張　莉：那些名詞是不是個個金光閃閃，像轟炸機一樣就來了？其實對它們的懂或不懂，都不應該是從定義開始的。不寫的時候，可能那些名詞只是些概念，動手寫作、具體實踐之後，那些名詞的動機和來處就會變得清晰，開始理解了。這個是一定的。

畢飛宇：所以，我想把中國現代主義文學的發展脈絡來捋一捋：在中國，由於國門大開，五四之後的一些小說家、詩人開始了他們的現代主義實踐，這個實踐走得並不遠，後來也終止了。「文革」後期，一些閱讀條件比較好、同時又具備了天賦異稟的年輕人，像北島、顧城他們，開始從故紙堆裡頭讀到了現代主義的翻譯作品，他們開始了實踐，這一實踐，動靜大了，中國文學有了一個驚天動地的東西，叫「朦朧詩」，「朦朧詩」是一個譏諷的說法，一個不負責任的說法。差不多與此同時，王蒙也開始小說實踐，後來又有了一個馬原，再後來，洪峰、孫甘露、格非、蘇童、余華都出現了，我們的文學裡出現了一個文學概念，新潮小說，後來也有人說先鋒小說，這兩個概念是一碼事，但是，在今天，先鋒小說這個概念顯然得到了更多的認同，使用的頻率也更高。所以，簡單地說，現代漢語的現代主義文學，根子在西方，發芽於五四，「多年之後」，花開兩朵，各表一支，一支叫朦朧詩，一支叫先鋒小說。

張　莉：線索大致成立。但是，我認為還應該加上戲劇，那時候高行健他們也進行了非常多、非常有衝擊力的探索，這個也很重要。所謂現代主義的創作，是文體全方位的，當時的實驗話劇影響力很大。

畢飛宇：戲劇我沒有關注過，對不起。在我讀大學的時候，一九八三年到一九八七年，朦朧詩其實已經過去了，而先鋒小說則剛剛開了一個頭。那時候，我的興趣在詩歌上，後來轉到哲學上去了，再後來就打算考研了，英語沒過，也就沒有考上。說起來也真是很有趣，我在讀大學的時候一會兒想做詩人，一會兒想當教授，恰恰沒想過去做小說家，也許在我的心裡，小說家還是不如詩人和教授的，這是受了我父親的影響。李敬澤寫過一句很逗的話，他說，畢飛宇寫小說是「一個好吃的人最終做了廚子」。你看到過這句話嗎？

張　莉：看到過。大學時代你對現代主義作品讀得多嗎？

畢飛宇：那當然，可主要是詩歌上。現代主義小說也讀，量不算大，最關鍵的是，我不知道現代主義在未來的一段時間裡頭會成為文學的主流。你也知道的，中國的文化從來都是一窩蜂的，文學更是這樣，一九八七年，在南京，我聽到一個外地編輯這樣評價一位年輕作家：「他不是現代派」，口吻是很嚴厲的，這句話嚇了我一跳，哦，要現代派，一定得現代派。

張　莉：哈，「不是現代派」的意思意味著不先鋒和不新銳，或者落伍吧，那個時候是哪一位作家對你的影響最大？

畢飛宇：當然是艾略特。他是我們心中的神，今天我可以說老實話了，那時候其實我也讀不懂，唯一讓我興奮的，是那種不可思議的語言方式。對一個年輕人來說，語言的方式是很吸引人的。打一個比方，你聽慣了民樂合奏，突然聽到了電吉他，那是什麼感覺？

張　莉：不懂，但也有刺激，這個好玩兒。談得最多的就是艾略特？

畢飛宇：說得多的是艾略特和龐德，其實，心裡頭真正喜愛的還是波特萊爾。人在年輕的時候往往有這樣的傾向，從眾，歌星和影星在年輕人當中容易受到歡迎就是這個道理，一個人紅了，個個說喜歡，你要是不喜歡就意味著你落伍，這裡頭有一個文化上的標識問題。那時候，詩人和現在的明星差不多。波特萊爾對我有衝擊力，這個衝擊力就是憂鬱和審醜。波特萊爾有一張著名的相片，我估計許多文學青年就是因為這張照片喜歡上波特萊爾的。他額前的一綹頭髮和沉鬱的目光可以說是他詩歌的一個序言，在最初，他的詩句我是不能接受的，太病態了，一副倒楣到家的氣息。我記不得是誰寫過一篇論文了，比較了巴黎的波特萊爾和北京時期的魯迅，魯迅不是翻譯過廚川白村《苦悶的象徵》嗎，所以，文章的題目是這樣的，〈北京的苦悶和巴黎的憂鬱〉，文章非常好。說到底，波特萊爾是適合年輕人的，年輕人喜歡自尋憂鬱，每天不憂鬱一會兒似乎就白活了，說到底還是一種對自由的渴望，總希望自己無拘無束，哪怕很窮，也希望自己的未來誰都別管。

張　莉：你說的是郭宏安翻譯的那本《波特萊爾美學論文選》吧，人民文學出版社一九八七年出的。我有那本。作為雨果的同代人，波特萊爾對雨果態度的反覆真讓人吃驚。不過，他的有些評價也真是切中肯綮，比如他說雨果是崇高的，普遍的，沒有邊界的天才；說雨果有「對很強大的東西和很弱小的東西的同等的愛」。當然，中國的讀者面對波特萊爾可能還有一個問題，那就是道德。

畢飛宇：沒錯，其實不只是中國，在西方也是一樣的，如果沒有雨果，波特萊爾的命運將會怎樣？如果我們積極一點，我們也能看到文學的意義，文學其實一直都是在向人性讓步的，在這個讓步的過程中，出現了許多標誌性的作家，薄伽丘，拉伯雷，波特萊爾，還有後來的尚・惹內。在我看來，文學向人性讓步有兩次重大的行為，一次是文藝復興，一次是現代主義運動。有一句話我願意放在這裡，文學到底會把人類帶到哪裡，這是一個問題。這個問題我已經面對了很久了。

對了，二〇一〇年法文版《推拿》在巴黎首發，我特地去看望了波特萊爾的墓，很有意思，除了那些散落的詩句之外，還有一個粉紅色的乳罩，就那麼放在那裡。想想吧，一位女士，她來到了波特萊爾的墓前，也許是動情了，想獻上一點什麼，她一定知道波特萊爾好色，乾脆把自己脫了，獻上了她的乳罩。我覺得這是一次很特別的祭祀，充滿了浪漫和現世的氣息，它讓你堅信，波特萊爾還活著，在地下室。

張　莉：真的很動人，——袁可嘉主編的那套《西方現代主義作品選》呢？

畢飛宇：這一套書影響可大了，我估計中文系的學生都借過，中文系的學生很少不讀這套書的，某種意義上說，這套書是現代主義的科普書。我們這一代作家都要好好地向翻譯家致敬。

張　莉：回到小說上來吧，在你的大學階段，現代主義小說對你到底產生過多大影響？

畢飛宇：在我讀大學的階段，影響力最大的是兩個西班牙語作家，一個是博爾赫斯，一個是馬奎斯。如果你的閱讀一直停留在批判現實主義和浪漫主義，一下子遇到博爾赫斯，那一定是驚為天人的，你會驚詫，這也是小說嗎？不可能啊。首先挑戰你的一定是最基本、最直觀的東西，那就是小說裡的單詞，或者說語彙，比方說，空間描寫，博爾赫斯的空間描繪很像科學論文，你看看博爾赫斯關於圖書館或花園的空間描寫，許多詞語直接就是科學用語那裡移植過來的。他的詞語搭配實在是美妙。在傳統小說裡面，空間完全就是一個容器，一個人物的容器，一個事件的容器，可是，到了博爾赫斯這裡，空間突然成了小說的主人了，很像拓撲圖片裡的幾何關係，他的故事和人物你反而可以忽略，你很不適應，但同時一定是驚若天人的。

張　莉：博爾赫斯的空間都很像焚燒的香，在那裡繞。

畢飛宇：這個比方打得好。我迷上博爾赫斯就是從他的空間描寫開始的，他用的是哲學的方法，科學的方法，唯獨不是小說的方法。這只能說，小說的敘事革命了，整個小說的敘事修辭和敘事美學革命了，所以，這樣的方法必然成為一種新穎的、奇特的敘事方法。

張　莉：如果這麼說的話，我估計馬奎斯吸引你的一定是時間了。

畢飛宇：一開始不是，一開始我關注的也還是最表面的東西，那就是語言，語言的結構怎麼就那麼不一樣的呢？後來發現了，和博爾赫斯的空間一樣，在馬奎斯那裡，時間也成了小說的對象了。老實說，在閱讀魔幻現實主義作品之前，我再也想不到時間和空間問題可以拓寬小說。我這樣說有些機械了，其實，他們兩個人在對時間和空間的處理上都很獨特。這是標準的現代主義，時間可以不講邏輯了，空間也可以不講邏輯了，所謂的邏輯，成了作者的需要，作者想怎麼弄就怎麼弄。馬奎斯對他的妻子說，他不是在「寫」小說，他是在「發明」小說，這句話不是吹牛。他真的是在「發明」小說，小說從此就成了另一個樣子了。如果把時空關係的變化拋開，小說需要面對的其實還是那些內容，人物，還有事件、歷史，就這些，還是這些。說起來這是多麼簡單的事情，但是，在他們沒有這樣做之前，誰敢？沒有人敢。說到這裡我很想說一說文學革命，文學革命，多大的一件事，但是，回過頭來想，它又是簡單的，簡直不可思議。在文化改朝換代的時候，一、兩個天才遇上了機遇，他們的一個小小的動機就是亞馬遜流域的蝴蝶翅膀，然後，在萬里之外掀起了巨浪。

張　莉：作家除了自身的才能之外，所處的文化環境也很重要。

畢飛宇：那當然了。就說魔幻現實主義，它在本質上其實就是歐洲文化和拉美文化的一個落差，我們來看看《百年孤寂》裡最迷人的幾樣東西：一、夏天的冰，二、磁鐵，三、電影，依照我淺陋的見解，這就是魔幻現實主義的全部祕密。夏天的冰、磁鐵、電影，這幾樣東西是和歐洲的近代科學聯繫在一起的，它們是工業革命之後幾個簡單東西，可是，它們出現在了拉美，一塊離近代科學很遙遠的地方，了不得了，物理性一下子擁有了神性。這個神性是什麼呢？就是認知的不可企及。我的看法也許沒有普遍性，在我看來，所謂的魔幻現實主義，其實就是一切普通的東西都擁有了神性，這個神性和古希臘的很不一樣，古希臘的神性是本源的、自由的、美妙的，像大理石一樣皎白，魔幻現實主義的神性是黑色的，帶有無法言傳的屈辱。老實說，我對魔幻現實主義真的有所了解，還是以後的事情，我讀過一本書，和文學無關，是烏拉圭記者加萊亞諾寫的，《拉丁美洲被切開的血管》，你把這本書和《百年孤寂》放在一起，就算你是一個傻瓜，你也能對魔幻現實主義有一個大致的了解。

張　莉：一個作家最幸運的地方就在於他能夠處在兩種文明的銜接處，交集處。

畢飛宇：我完全同意你的說法。無論是一種文明內部的銜接處，還是不同文明之間的銜接，銜接處永遠是迷人的，雖然它也許是殘酷的。因為夏天的冰、磁鐵和電影的出現，拉美人對世界的認識一定是顛覆性的，他對時間、空間、歷史、道德、秩序、人性，一定會有一個顛覆性的認識，我覺得在那樣一個歷史時期，在拉美出現魔幻現實主義是必然的，反過來，出現在中國就沒有可能。中國文化的力量太強了，還有一點也很重要，我們雖然有被殖民的歷史，但是，漢語一直沒有喪失，中國人一直是用漢語來書寫自己的。同樣，魔幻現實主義在歐洲暴紅也是必然的，你想想，那可是正經八百的「西班牙語文學」，西班牙語，歐洲的語言，不是翻譯成歐洲語言的，這一次輪到歐洲嚇了一大跳了，簡直就是爆炸。我覺得歐洲人對待魔幻現實主義文學的心態是複雜的，有他的得意在裡頭，它可是歐洲的私生子啊。

張　莉：私生子？哈，有道理。

畢飛宇：我覺得歐洲人看魔幻現實主義就是一個過氣的男人遇上了自己的私生子，小夥子也大了，年輕、英俊、瀟灑，老傢伙盯著小夥子看，看哪看，發現有些地方像自己，有些地方又不像，自豪和內疚都是難免的，趕緊把叔叔叫過來、把嬸子叫過來，都來看。我不能說這裡頭沒有自責，但是，自豪可能也是有的。

張　莉：哈哈，你剛才很多說法都挺有趣，我都不忍心打斷你了，你喜歡用日常生活的眼光來看待歷史。

畢飛宇：聊天嘛，我們就是聊天。

張　莉：聊聊卡夫卡吧，這個作家對整個歐洲的現代主義文學產生過巨大的影響，把他忽視了也許是不對的。

畢飛宇：卡夫卡？為什麼一定要聊卡夫卡呢？

張　莉：難道不該聊卡夫卡嗎？

畢飛宇：該，當然該。

張　莉：你似乎對這個話題不感興趣。

畢飛宇：不是不感興趣，感興趣，太感興趣了。

張　莉：為什麼呢？

畢飛宇：老是吵架，在北京吵，在南京吵，在柏林吵，在巴黎吵。說一次就吵一次。

張　莉：為了什麼？

畢飛宇：喜歡卡夫卡的人非常多，我卻不喜歡。當然，我知道卡夫卡的地位，沒有一個文學史家有勇氣忽視他，他是大師，他是現代主義文學的奠基者，這些都沒有問題。我只是說，作為一個讀者，我不愛他，偏偏愛他的人又特別多。有一個朋友特別喜歡我的小說，當他知道我不喜歡卡夫卡的時候，急了，站了起來，瞪著眼睛，真是瞪著眼睛，質問我：「你怎麼能不愛卡夫卡呢？」我就是不愛。我其實對卡夫卡倒也不反感，他是一個好作家，只是沒那麼好。就因為反對我不愛卡夫卡的人太多了，我就必須強調這一頭，也許也有點過頭了。

張　莉：那你談談你對這個作家的整體感受吧。

畢飛宇：這個人不能算是傳奇，但是，作為一個作家，他是傳奇。正因為這樣的傳奇性，他得到了讀者的愛，這個我是理解的。卡夫卡的創作始終面對的是兩個問題：一、荒誕，二、異化。

張　莉：圍繞著這兩點，卡夫卡呈現出了孤獨感、苦悶情緒和脆弱，也就是恐懼。在他所處的那樣一個背景底下，他的情緒是具有普遍性的。

畢飛宇：對，他的普遍性真的很強，有他的涵蓋面。可是，有人聽了我的話都想動手，是這麼回事，我先做自我檢討哈，也許我的小說理解力還欠缺，我總覺得卡夫卡作為一個小說家太生硬了，另一個我覺得生硬的作家就是米蘭．昆德拉。《判決》我覺得生硬，《變形記》我也覺得生硬，《致科學院的報導》很生硬，《地洞》就更生硬了，讀卡夫卡的時候我總覺得在讀拉封丹或克雷洛夫。小說家畢竟和詩人是不一樣的，你不能只提供情緒，作為讀者，我渴望從小說裡看到一些更加豐滿的東西。

我們還是來做一個比較吧，同樣是面對荒誕，卡繆的《異鄉人》我覺得就是一部傑作。

張　莉：《異鄉人》當然很好。但我覺得卡夫卡也是很好的啊。

畢飛宇：卡繆的影響力遠不及卡夫卡，但是，在我的心裡，卡繆是一位比卡夫卡好得多的作家。《異鄉人》太棒了，我差不多每一次做演講都要講起它。我們來進入文本，你看哈，我，莫爾索，母親去世了，他去奔喪，他在母親的遺體旁吸菸、喝咖啡、做愛，後來，他殺了人，法庭開始審判，不管他的殺人動機、手段、器械，法庭對什麼感興趣呢？對他在母親的遺體旁吸菸、喝咖啡、做愛感興趣，為了什麼？為了證明莫爾索「在精神上是一個殺人犯」，最終，莫爾索就是作為「精神上的殺人犯」被處死的。小說的進展十分合理，而一切又都是那麼荒誕。我個人的觀點是這樣的，我不能說卡夫卡不好，可是，他的小說缺少「進展的合理性」。

張　莉：我未必同意你的結論，但是，你這樣分析是有道理的。

畢飛宇：我不怕一個作家大段大段地說道理，玩思辨，但是，我所喜愛的小說必須有它自身的進展。卡夫卡在這個問題上不能讓我滿足。有人說，卡夫卡展示了一個時代啊，這就更不對了，卡夫卡展示的哪裡是一個時代？他所展現的是全人類的歷史，——荒誕、異化、孤獨、苦悶、脆弱、恐懼，這些東西不只是卡夫卡那個時代才有的，每個時代都有。如果你說卡夫卡是全人類歷史上最偉大的小說家，我同意，但是，如果你說他是他那個時代最偉大的小說家，我反而不能同意。

張　莉：有什麼關係呢，偉大就夠了，一定屬哪個時代幹麼？其實，卡夫卡和卡繆屬一個類型的作家，都有圖解性、哲理性和思辨性。比如桑塔格，她和你的看法就相反，她覺得卡夫卡有他的想像力，卡繆的小說有點單薄枯瘦，藝術上不能算一流作品。嗯，我同意她的說法。不過，不管怎麼說，這可真是意外的收穫吧，我還不知道你關於卡夫卡還有這麼多的故事。但我覺得可能是個人氣質的原因，卡繆大概是在哪一點上深深觸動了你。——你喜歡卡繆？

畢飛宇：對，我喜歡卡繆，雖然沙特很瞧不起他，但是，在我的眼裡，作為小說家的沙特比卡繆差遠了，他的《理智之年》不是一般的差，沒法讀的。如果不是沙特的影響力，我估計沒幾個人願意去看。但問題就在這裡，沙特的哲學影響了太多太多的人。我翻閱過許多不同版本的西方文學史，卡繆始終是一個比沙特次一等的作家，這個是沒有辦法的事情，文學史也很勢利的。在哲學面前，文學必須屈服，你讓我來寫這個文學史，我也只能這麼寫。

張　莉：卡繆和沙特放在一起，當然是卡繆的小說好。哲學家畢竟不是小說家。你那句，在哲學面前，文學只能屈服，我不太同意，但是，你說的這個事實也可能存在。

畢飛宇：你寫中國現代文學史，你能不提胡適的《嘗試集》嗎？必須的，可是，胡適作為一個詩人那是一個怎樣的詩人呢？套用一句網絡用語，「你懂的。」

張　莉：提當然要提，但《嘗試集》不過是得風氣之先罷了，有影響的一個集子而已，沒有人認為它的藝術性怎樣。——閱讀這個話題聊起來會比較散亂，我們能不能集中一點，談談你最喜歡的幾個當代的西方作家。

畢飛宇：亨利．米勒我喜歡。在我三十多歲的時候，兩本《回歸線》和《大瑟爾》我特別地喜歡。喜歡亨利．米勒的中國作家很多，他是個異類，和毛澤東是同一天出生的。我估計朱文一定會喜歡。我和朱文接觸很少，沒有聊過，但是，他們兩個人身上的那股勁頭很像。很渾，有力量。我至今不理解朱文為什麼那麼早就放棄寫作。

張　莉：朱文是個好作家。每次讀〈我愛美元〉我都覺得好。他後來不寫也有他的幸運，他使自己成了一位「不在江湖，但江湖上永遠有他的傳說」的作家，至少現在的當代文學史都對他念念不忘，都要提到這位小說家。那其他活著的作家呢？

畢飛宇：活著的作家裡我喜歡這幾個，奈波爾，奧茲，勒·克萊喬，托賓，菲利普·羅斯，還有一個很年輕的美國作家，一九六八年的，迪亞茲。

奈波爾是特別的，我一直把他作為我的榜樣，為什麼我那麼喜歡他呢？他在長、中、短這幾個式樣上幾乎沒有軟肋。這個太厲害了。我渴望成為他這樣的作家。我是這樣看的，即使只有一本薄薄的《米格爾大街》，奈波爾都有資格成為一個大師。這本書很像中國的一種建築，就是閣，沒有牆，就是一些柱子，每一個短篇都是一個獨立的柱子，撐起了那樣一個空間。《米格爾大街》裡的每一個短篇我都喜歡，這個薄薄的短篇集還有一個特徵，看完了，你的感覺很厚，幾乎就是一個長篇，這個是很牛的。我一直渴望自己也有一本這樣的書，可是到現在也沒有寫出來。

大概在前年，我讀到了迪亞茲的《沉溺》，我的閱讀感受和當年讀《米格爾大街》非常相似。正因為這樣，我有點替迪亞茲擔心，他也許會被奈波爾遮蔽掉。我不知道他自己有沒有這樣的擔憂，我是有的。也正是因為這樣，我對他的未來就特別地期待。迪亞茲會往哪裡走，這是一個很有意思的話題。

張　莉：還真是巧啊，我也喜歡迪亞茲！《沉溺》寫得強悍有力，有氣象。還有個年輕女作家叫鍾芭·拉希莉，獲過普立茲獎的，我讀了她的《陌生的土地》，非常喜歡，她的小說裡混雜著背井離鄉、身分認同、失望、困惑、疏離感，氣質卓然，這個作家得天獨厚處在於處於多種文化的交界地帶，她是孟加拉裔移民印度，然後又移民美國，小說寫得很安靜，但很有力量，強烈推薦。最後談談你的同事勒·克萊喬吧。

畢飛宇：這個作家是許鈞推薦給我的，大概是二十世紀的九〇年代。遠在他得諾獎之前，勒·克萊喬在中國的影響力並不大，我讀的第一本書就是許鈞翻譯的《訴訟筆錄》，然後是袁筱一女士翻譯的《戰爭》，然後是高方女士翻譯的《奧尼恰》。這是一個優雅的作家，甚至可以說，是一個語體作家，他始終在進行他的語言實驗，或者說，敘事實驗，雖然隔了一層翻譯，你是可以感受得到的。但是，勒·克萊喬最大的特點不在這裡，他的特點在雜糅，雖然他是法國作家，但是，很不典型，這種很不典型體現在文化立場上，他的身上同時擁有殖民者文化和被殖民者文化的雙重痕跡，這是極其罕見的，勒·克萊喬的價值也許就在這裡。殖民和被殖民，這個大主題在世界文學的範疇裡頭還要持續很長的時間。可以這樣說，冷戰之後，只要美國一家獨大的現狀沒有改變，整個歐洲都會抓著這個話題不放的。在這個問題上，整個歐洲都是緊張的，一方面是反思，另一方面則有恐懼。

張　莉：這個看法很對，必須同意。

畢飛宇：與勒・克萊喬相反的是博拉紐，他是用西班牙語寫作的，你知道，我對用西班牙語寫作的作家總是有一分特殊的情感，無論翻譯怎樣隔閡，只要是用西班牙語寫的，你依然可以看得出來，聽說西班牙語的人說話快，血液流動得也快，西班牙語和激情是捆在一起的，就像沉鬱和俄語捆在一起一樣。可是，用西班牙語寫作的博拉紐卻更像一位法國作家，如果你做比較文學，你把勒・克萊喬的《奧尼恰》和博拉紐的《2666》放在一起研究一定是一件有趣的事情。這是文化滲透的特殊風景。

寫作歷史

心理上還在顛簸，可身體靜止了，你也會吐。登岸之後，我在上海走了都不到五十米，我就摔倒了，在地上嘔吐。我在嘔吐的時候想起來了，這是上海，我奶奶生活的地方，可是，她還活著嗎？她現在是怎樣的呢？這個突發性的念頭讓我的情緒變得動盪。嚴格地說，這一次不能叫「去上海」，我只是路過了一下，但是，上海留給我的究竟是什麼呢？是很傷痛的。很長時間裡頭，我對上海一直都回避。就在一九八八年，我有了一個計畫，如果有機會，我要面對一下我那個黑洞一般的家族史。寫〈敘事〉的時候，我有這個念頭。

張　莉：這個我還是第一次聽你說。

畢飛宇：以往我們都是從小說美學的角度去談論它。

張　莉：也就是說，從小說的出發點來說，已經決定了〈敘事〉不會是一個平靜的作品。

畢飛宇：可以這麼說。那時候我之所以決定寫〈敘事〉，其實有一些自信在裡頭，我覺得我可以寫了，我的手上有點兒力量了。

張　莉：〈敘事〉寫得很開闊。

畢飛宇：這就是現代主義小說的好處，現代主義小說給小說帶來了時間和空間上的自由，這一條是很關鍵的。不要小看了時間和空間，一個小說家一輩子都要被這兩個東西折磨。我可以肯定地說，如果意識不到時間和空間對小說的意義，這個小說家寫一輩子也不會有什麼大出息，小說的時間和小說的空間對小說的技術來說幾乎就是一個硬指標。

張　莉：尤其在時間和空間的處理上，的確自由了，你可以任意處理歷史、家族、現實、內心的動態。

畢飛宇：〈敘事〉的寫作是一個自我放大的過程，我在亞洲文學獎的頒獎典禮上說過一句話，寫作會給人帶來錯覺，覺得自己像個巨人。這不是誇張，是很真實的感受，有時候，你能感覺到自己很巨大，這個東西不寫作的人大概體會不到，整個人都是通的。

張　莉：這個體會很爽。

畢飛宇：但是，〈敘事〉的寫作依然存在一個實驗問題，那就是如何堅持讓我的語言「不像」漢語。

張　莉：「不像漢語」是什麼意思，為什麼要不像？

畢飛宇：我們這一代人是「文革」當中成長起來的，所謂的漢語，其實就是「文革」語言，在那樣的背景底下，你怎麼能用「文革」語言去寫小說呢？寫不下去的。那就得另外找一種漢語，這個漢語只能從翻譯小說裡去尋找。朦朧詩是這樣，先鋒小說也是這樣。翻譯小說雖然是漢語，但是，它在語法結構和字詞的搭配上和當時的漢語有很大的距離，這麼說吧，如何讓我的語言「不像」漢語，那是我的大事。

張　莉：明白。那你從什麼時候意識到這個問題的呢？

畢飛宇：這個問題不是我意識到的，是詩人和馬原這些人意識到的，我只是從他們的作品中感受到的，我在大學裡頭寫詩，說得直白一點兒，那個不能說是寫，只能說是模仿。

張　莉：你對語言的問題很敏感。

畢飛宇：我在中學階段其實很愛讀王蒙，王蒙的語言速度快，衝，有大量的修飾，紛繁複雜，到了大學階段，開始注意馬原了，比較下來，馬原更「西方」，更「現代主義」，那時候有許多的文學青年喜歡馬原，我知道馬原和西方現代主義聯繫起來還是後來的事情。

張　莉：這個比較真有趣。

畢飛宇：最可愛的事情還是這個，直到我讀大學了，我還以為「翻譯」就是逐字逐句地「對譯」，所以，都到了那個時候了，我還以為西方的作家就是那樣「寫」的，那麼，我的小說也必須這麼寫，放棄漢語的線性。

張　莉：線性是什麼意思？

畢飛宇：漢語是線性的，西語則不是，它們帶著自身的面積。西語裡有大量的從句，每個英語老師在課堂上都要花很大力氣講述「時態」和「從句」。「從句」就是貴族出行，它有一個主人，然後，跟隨著大量的隨從。這些隨從在「時態」上對主人必須服從，有它的統一性。西語的排場很大，漢語不是這樣的。

張　莉：這個比喻好。

畢飛宇：〈敘事〉的語言很繞，那時候我喜歡寫大句子、長句子。

張　莉：對。也不光是你吧，當時的很多新生代作家都那麼說話，現在看起來真是很奇怪，大家怎麼都那麼寫。繞，不好好說話。

畢飛宇：這個問題我到寫《玉米》的時候才算解決，寫《玉米》的時候我三十六歲了，可以說是頓悟，主要是不怕了。我不怕什麼呢？我不怕寫漢語了，我再也不用千方百計地寫「翻譯語言」了，這個有些可悲，也很可笑的，但是，如果你是我們這一代作家，你就會發現，這個一點也不可笑。話說到這裡就變得容易了，我只有到了三十六歲才算知道「漢語」是怎麼回事。我想說，這裡頭有很複雜的歷史內容。一個作家的改變有可能是一件小事，但是，在它的內部，有可能潛伏著十分巨大的歷史變遷。這是從語言上說的，從〈敘事〉的敘事形態上說，我動了許多腦子，為什麼這個東西叫〈敘事〉呢？說白了，我想呈現「敘事」，主要是呈現敘事的時間關係和空間關係。這篇小說對我很重要，是我自學成才的一個重要注腳。物理時間和敘事時間的區別，物理空間和敘事空間的區別，我是通過〈敘事〉的寫作才搞明白的。為什麼我在三十歲前後寫作那麼來勁呢，主要就是這個，一邊寫，一邊明白，時時刻刻可以感受到自己在進步，這種感覺非常具體。

張　莉：也是寫到一定程度後的悟吧。

畢飛宇：這裡頭還有一個原因，從一九八七年到一九九二年，我一直在學校裡頭教美學，一天到晚給年輕人講授模仿、再現、表現、移情、內模仿、格式塔理論，當然還有審美距離。我一邊寫小說，一邊講理論。我想說，講授美學對我的幫助很大，一本書，或者說，一種理論，你讀過一遍和你講過一遍，區別是巨大的。

張　莉：這倒是，我做老師也有這樣的感覺。每次講東西每次都有不同的體會。

畢飛宇：在寫〈敘事〉的時候，我幾乎有點兒做遊戲了，那就是做時間和空間的疊加，其實，這個辦法許多人都用過了，王蒙的〈雜色〉與〈相見時難〉已經做得很好了，我讀〈雜色〉的時候還很小，不習慣，到了寫〈敘事〉的時候，我突然發現我也能這樣寫小說了，這個感覺嚇了我一大跳，我第一次覺得自己跟上了，——其實還差得遠呢。可我的內心很滿足，一個人，在南京遙遠的郊區，在黑咕隆咚的深夜，高興得不得了。

張　莉：那個時候大家都在實驗，當時你提到的這些人，他們其實也是實驗者，找路。

畢飛宇：我想格外強調一下，到了二十世紀九〇年代中期，「文革」式的敘事模式在中國的當代文學中已經被徹底屏棄了，這是中國作家對中國社會做出的巨大貢獻。小說「怎麼寫」，到了這個時候大概可以告一段落，下一個問題必然是小說「寫什麼」，小說的脈絡大概就是在「怎麼寫」和「寫什麼」之間滾動。

張　莉：文學史上的許多潮流都是一陣風，非此即彼，今天說「寫什麼」，隔陣子又說「怎麼寫」。但是，一個好的文學作家，實在不應該把寫什麼和怎麼寫分開，這是一體的，不可分，都很重要。

畢飛宇：〈敘事〉在大的方法上依然繼承了這樣的路數，唯一不同的是，我寫〈敘事〉裡頭還是渴望強化史詩模式的。在我所有的小說裡頭，這是艱難的嘗試，你可以從〈敘事〉裡頭看到一個年輕人是如何逞能的。

張　莉：它發在一九九三年《收穫》上，除了文學圈，外人幾乎不知道。

畢飛宇：一九九四年，離一九八九年也才五個年頭，文學的蕭條是可想而知的，〈敘事〉不可能產生多大的影響力，

張　莉：沒趕上合適的時候。

畢飛宇：這沒什麼。我倒是很感謝那個時候，因為那時候特殊的文化氛圍，蕭條嘛，沒有筆會，沒有研討會，沒有媒體的大力鼓動，這些東西都沒有，人們甚至都不談文學。這對我的心理很有好處。我一直耐得住，也堅信文學之路不需要「操作」，我對「操作」極度鄙夷，這也不是我有什麼特別之處，是那個時候自然而然地養成的，它給我打下了一個很好的心理基礎。無論後來的變化有多大，我總是記得那個時候，直到今天，我也還是那樣的心態。

2〈哺乳期的女人〉

張　莉：〈哺乳期的女人〉在你的小說裡很突兀，這之前和之後你都沒有類似的文本。我喜歡是因為它的切入點。具有隱喻性和延展性，為什麼現在還會拍成電影，應該是創作者們覺得它反映的生活具有當下性。

畢飛宇：這是一九九五年的作品。我對這個作品的記憶非常清晰。我甚至能記得寫作的具體細節，就在床上，一筆一畫的。

張　莉：是你最早受到廣泛關注的作品。

畢飛宇：這個作品因為獲得了首屆魯迅文學獎，差不多可以看成我的「成名作」了。我寫這個作品首先要感謝《讀書》。

張　莉：《讀書》？

畢飛宇：在相當長的時間內，我都是《讀書》的忠實讀者，訂閱了很長很長的時間。八〇年代的一句話是怎麼說的？「可以不讀書，但不可以不讀《讀書》。」我一點也不誇張，那個時候的《讀書》是我的老師。

張　莉：我前幾年也看《讀書》，裡面有好東西。

畢飛宇：在二十世紀九〇年代，中國正在邁向現代化。應當說，中國那個時候離現代化還很遙遠。但是，就在那樣的時候，《讀書》做了一件特別了不起的事情，開始反思現代化。這是何等的眼光？是哪一年？我實在記不得了，我在《讀書》上讀到了這樣的一句話，過分的科技和高度的現代化，使得「每個家都有自己的病人」。

張　莉：這話沒錯。

畢飛宇：老實說，在一九九五年，我個人生活還和現代化沒有關係，我所渴望的是工資高一點，家裡能有幾樣像樣的家電。可是，〈哺乳期的女人〉卻開始「反思」金錢、科學和現代化了，這是不可理喻的。

張　莉：我們以前沒討論這個小說。大概是二〇〇八年，我重讀〈哺乳期的女人〉後寫了個論文，提到這篇小說是對「全球化」的凝視，對現代化的反思。為什麼寫呢？因為我看當時的評論裡並沒有多少人注意到這個，而你小說裡的這個氣息卻特別強烈，所以有強烈的寫作衝動。當時大家都注意的是你面對現實世界裡的「空鎮」問題，但小說思考其實更複雜。十幾年後，它對於今天依然具有「普遍意義」，中國大地上的南北農村走上了一條「金子」和「銀子」鋪就的路，人們獲得了越來越多的出外自由、工作機會，如果以口袋裡的鈔票作為幸福指數標準，這些人的生活水平可能是提高了，可是看看那個留守兒童旺旺，他除了獲得以「旺旺」為代表的袋裝食品外，受到的傷害卻實實在在、無可補償的。換言之，如果說在當下，中國農村所受到的侵害不僅是以土地減少、勞動力喪失為表徵，那麼毫無疑問，這部小說所呈現的是另一種形式的侵害。它們以女性哺乳功能的缺失、母子親情關係的日益荒疏為代價。

畢飛宇：這裡頭有一個問題，我是一個失去了現實感的作家嗎？不能這樣說。現實可以是歷史，也可以是當下，更可能是未來。歷史感可以造就作品，當下感也可以造就作品，未來感同樣可以造就作品。

張　莉：非常同意。

畢飛宇：〈哺乳期的女人〉是一部超前的小說，我個人願意把〈彩虹〉、〈家事〉、〈大雨如注〉規劃到這一類當中。二〇〇二年還是二〇〇三年，國務院終於關注到「空村」和「空鎮」問題了，發了文。如果簡單一點，我當然可以把〈哺乳期的女人〉當做一篇「空村」或「空鎮」小說。就邏輯而言，從反思現代性和「空村」問題並不對等，但是，誰也不能否認它們內部的因果關係。老實說，我希望讀者關注到我對社會的關注，但是，我畢竟是一個文本意識很強的作家，我很在意文本建設。

張　莉：我想這麼說，如果在今天，〈哺乳期的女人〉是標準的畢飛宇製造，這個沒問題，可是，把時間推回到一九九五年，我反而覺得〈哺乳期的女人〉是不典型的，是跳脫的，它很不像你一九九五年前後的作品，語言，敘事語氣，都不像。有點憂傷，抒情色彩比較濃。

畢飛宇：你這個判斷很準，是很專業的說法。〈哺乳期的女人〉是抒情的，它和我的大病未癒有關，我從來沒有在那樣的健康狀況下寫過東西，一般情況下，我都是在精力充沛的身體條件下工作，但是，一場意外，我出了太多的血，差一點就死掉。〈哺乳期的女人〉的責任編輯是宗仁發，我不知道他那裡還有沒有〈哺乳期的女人〉的手稿，如果這個手稿還存在的話，你馬上就注意到了，我的筆畫很輕，是虛浮的。為什麼？我的手幾乎就拿不動筆。我只是太無聊，都躺了十五天了，就想有一枝筆在手上，其實也沒打算寫小說，寫著寫著，出狀況了。〈哺乳期的女人〉寫好了之後幾乎都沒有回頭看，幾乎沒有改動，是一口氣寫完的。這個手稿如果丟了實在有些可惜。

張　莉：也就是說，這小說的起源其實就是那些思考，沒有具體形象或者故事。

畢飛宇：是的，是很觀念的那些東西，也就是所謂的「觀念先行」。在這裡我特別想說一下，我從不認為「觀念先行」是一件可怕的事，不是這樣。對一個小說家來說，最要緊的事是這樣的，你有沒有能力把你的觀念納入到小說的思維裡去，我強調小說的思維，而不是小說的出身。小說可以有許許多多的出身，觀念是其中的一種。〈哺乳期的女人〉發表快二十年了，沒有一個人批評它是觀念先行的。對我來說，觀念是先行的還是後行的並不重要，重要的是，你是不是有觀念。人物不飽滿，只剩下觀念，那很可怕。同樣，光有人物，沒有觀念，那也可怕。

我一直都有這樣的一個看法，一個小說家在寫作之外是不是一個思考的人，如果是，他是可以期待的，如果不是，過了一定的年紀，他就不再值得期待。你有沒有觀念，你有沒有問題的懸置，這對一個小說家的影響是巨大的。我不喜歡沒有觀點的作家，我也不喜歡沒有立場的作家。

3〈是誰在深夜說話〉

張　莉：大概是二〇〇八年左右，有一次晚上我讀〈是誰在深夜說話〉，覺得寫得還真是好。

畢飛宇：你怎麼這麼晚才讀這個小說？它也比較早了，也是一九九五年或一九九六年的作品。這個我記得很清楚，那兩年我在《南京日報》附近租了房子。

張　莉：以前我都在忙別的啊，並沒有追蹤讀你的小說作品。其實這小說也有讓我不適的地方，比如關於情感那塊。但不管怎樣，那個在城牆下夜遊的、不斷別有所思的年輕人著實有趣。

畢飛宇：那個城牆我是不會捨棄的，你知道嗎，我租的那間房子其實是違章建築，便宜嘛。把窗戶拉進來，我的手就可以摸到南京的舊城牆。我的手第一次摸到城牆的時候有點嚇人的，它離我的日常生活居然如此之近，也可以說，它就是我的日常生活。

張　莉：晚讀有晚讀的好，十三年後，這個小說家作品裡關注的東西，留下的困惑今天還在，我讀的時候一點都不隔，挺親切的。比如重修，比如拆毀這些事情。這些問題還在，只是這樣的疑問沒有了，人們不再關心是否多出了一塊磚，因為這事件太普通了。當時寫這個是因為你看到過城牆的維修嗎？

畢飛宇：我沒有看到城牆的維修，一次都沒有。我看到的是修理好了的城牆，有一天夜裡，我在散步，意外地看到了許多廢棄的城磚，這個嚇了我一跳。——修理過的城牆是完整的，那麼這些剩餘的磚頭是哪裡來的呢？在那一個剎那，我彷彿看到了一堆怪獸。

張　莉：那是歷史的餘數，的確很嚇人。

畢飛宇：那些日子我正在翻看一些中國近當代歷史的著作，我突然就發現了我們的歷史敘說有這樣一個特點——邏輯嚴密，一點漏洞都沒有，像數學。你一定知道托勒密，這個數學家用複雜的數學證明了一件大事，地球是宇宙的中心。托勒密的邏輯是那樣地強大，天衣無縫，結果呢？那些邏輯毫無疑義。我不懷疑邏輯，但是，我懷疑歷史中的邏輯，尤其是我們的歷史邏輯。但凡在邏輯上天衣無縫的、滴水不漏的，我就有理由懷疑。歷史不可能是那樣的。這樣的邏輯就讓我「看到」了城牆的維修，它天衣無縫，但是，這個天衣無縫有一個可怕的前提，歷史會多出來一部分，換句話說，歷史言說的內部摻進了太多的謊言。謊言越多，歷史遺漏的部分就越多。

張　莉：你真要好好感謝那幾塊磚頭。

畢飛宇：我相信那些磚頭還在那裡，它們永遠成了歷史的餘數。

張　莉：當時這位小說家的思考真宏觀啊。

畢飛宇：這不是一個宏觀、微觀的問題，是一個思維上的習慣問題。

張　莉：從抽象回到具體，從思想回到現實。

畢飛宇：我一直強調「還原的能力」，無論是觀念還是想像，小說家都需要去還原的。

4〈懷念妹妹小青〉

張　莉：許多人和我說起喜歡你的〈懷念妹妹小青〉。

畢飛宇：在我三十多歲的時候，有一個階段，很有趣的，甚至有點神奇。有時候，枯坐在那裡想，並不想寫東西，手上拿一枝筆，就那麼胡亂地亂畫，畫著畫著，一個人物就出現了。任何小說的內部都有一個「點」，帕慕克把這個點叫做「中心」，他在哈佛講文學的時候反覆說到「中心」這個詞。從這個中心出發，你的「小說思維」就啟動了，重要的就是這個小說思維。

張　莉：〈懷念妹妹小青〉的「點」在哪兒？我很好奇。

畢飛宇：是這樣的，有一天夜裡，我想像了這樣一個場景：一個小姑娘一手拿著一根稻草，在夕陽底下舞蹈，陽光把她的影子投射到一面廢棄的土基牆上，她一邊看著自己的影子一邊舞蹈。——我的記憶裡有這樣的畫面嗎？沒有。但是，這個畫面打動了我，這才是最關鍵的。我的情感無緣無故地啟動了，毛澤東說：「世界上沒有無緣無故的愛，也沒有無緣無故的恨。」我想說，對一個小說家來說，無緣無故的愛和恨都是有的。我沒有妹妹，可是，在情感的驅動下，我認準了她就是我的妹妹。我掐著指頭一算，她舞蹈的時候正在「文革」的打砸搶階段呢，小說的思維就這樣運動起來了。小說還能是什麼呢？無非是作家內心的進程。有高級的，有不高級的，高級的就是好作品，不高級的就不是好作品。

張　莉：在〈作為記憶生產者的作家〉那篇論文裡，我把它跟〈一九七五年的春節〉裡的瘋女人對照分析過。我發現其中很多有趣的東西。

畢飛宇：你把〈一九七五年的春節〉和〈懷念妹妹小青〉對照起來很有意思，實際的情況正是這樣的，有時候，當一部作品寫完之後，你可以看到這個作品的倒影，若干年之後，這個倒影有可能就是你另一個作品的開始。

張　莉：不過，從情感上，我更喜歡前面這個，雖然後面的這個更為沉痛。

畢飛宇：說起來真的不可思議，這個小姑娘後來又跳出來了，她長大了，成了《青衣》裡的筱燕秋。我不是京戲的戲迷，我個人的生活和京戲更沒有任何關係，可是，京戲裡的水袖始終在我的腦子裡，它動不動就要飄動，有時候，是兩根稻草，有時候，是廚房裡的抹布。

5〈地球上的王家莊〉

張　莉：〈地球上的王家莊〉呢？我知道，這部小說寫於《玉米》和《平原》之間，這是你最好的一個短篇，也是我最喜歡的短篇，差不多是公認的你的代表作。

畢飛宇：這個小說和中國加入WTO有關，世界貿易組織的杜哈會議你一定知道，也就是第四次部長級會議，就是在這個會議上，世貿組織同意中國加入WTO了。在那個時候，中國國內有兩種聲音：一、渴望中國加入；二、反對，不希望加入。其實，這兩種聲音只有一個意思，那就是中國要不要納入世界？不少人始終在強調「中國特色」，拒絕這個世界。我是那個時代過來的人，對拒絕世界有很直接的認識，中國不能再把自己放在世界的外面了，中國不能再做「黑箱」了，我們需要這個世界的光芒，否則，我們太不安全了。中國加入世貿組織之後會怎樣，我不知道，但是，孤立的中國是怎樣閉塞的，閉塞所帶來的愚昧對我們的傷害有多大，這個我知道。我支持中國加入WTO，所以，我要描繪那種閉塞、那種愚昧。

張　莉：封閉，愚昧，自大，自以為是。

畢飛宇：閉塞會帶來什麼？愚昧。愚昧會帶來什麼？殘忍。這是一連串的。我從來不隱瞞自己，我希望無論是經濟還是教育，是體育還是政治，我們能和這個世界一起玩。開放有開放巨大的好處，那就是避免暗箱。我是一個對暗箱抱有高度恐懼症的人，我相信，這不是我個人「有疾」，而是一個普遍的心理，甚至可以說，這是一個民族心理。

張　莉：雖然你前面不願意承認王家莊這個地理世界，可它在你的文學世界裡的確有隱喻性，尤其在這個小說出現之後。

畢飛宇：我很高興在我的「王家莊」裡有這樣一個短篇，這個版塊在我個人這裡非常重要，它幫助我完成了一個心理上的拼圖。

張　莉：〈彩虹〉、〈相愛的日子〉、〈家事〉寫在《平原》之後。我發現，這時候你的文學追求和語言表達各方面都與以前有了不一樣。這個轉變你意識到了嗎？最近幾年，人與人之間的關係是你的關鍵，尤其是你寫普通人的日常情感。

畢飛宇：有一點你不能忽視，寫《玉米》和《平原》，我總共花了五、六年的時間，這之後，再寫短篇，也就是寫〈彩虹〉、〈相愛的日子〉、〈家事〉這些作品的時候，我已經是一個年過四十的中年人了。中年就是中年，面對人物的時候，他的眼界會更開，這句話是什麼意思呢？他會看到「人物」的周邊，也就是人物的「關係」。

張　莉：你以前的一些小說，特別喜歡寫分裂的情感，混亂的生活，但現在不是。即使〈家事〉也有夫妻離異的背景，但你還是選擇最普通的人和事情。

畢飛宇：有一點沒有變，那就是我對社會的關注與熱情。但是很奇怪，這麼多年下來，人們在談起我作品的時候，往往是美學上的分析多於意義的分析。因為關注社會多了，我在選擇的時候往往就不會太在意「特殊人物」和「特殊環境」，為什麼呢？我要考慮到作品的涵蓋面，也就是普遍性。所以，正如你所看到的，我對普通的、日常的感情有了興趣，這興趣與日俱增。

6〈大雨如注〉

張　莉：〈大雨如注〉也是普通人和事，看似無事，其時波瀾壯闊。你找到一個點，這個點又是敏感的，四通八達。這部小說有很多闡釋層面和理解角度。但依我看，還是關於社會和文化價值觀的問題的。〈睡覺〉也是這問題。

畢飛宇：〈大雨如注〉的內部似乎存在著教育的問題，但是，我最在意的還是另外的一件事，那就是漢語的處境和命運。都在說，我們處在一個失語的時代，我想說，失語到了一定的地步，你的母語就危險了。

張　莉：姚子涵最後其實是另一種意義上的失語。

畢飛宇：我和其他作家一樣，對母語有一種戀母般的情感，可是，糾結就在這裡，我並不反對英語、法語或者德語，在〈大雨如注〉裡，我必須處理好一件事，那就是，我不能讓我的母語和外語之間產生對立的情緒或思想。中國人或中國作家容易陷入這樣的泥淖，喜歡用二元的、對抗的思路去面對世界。這是不自覺的。我很高興〈大雨如注〉沒有這樣，這是人到中年的勝利。

張　莉：〈大雨如注〉裡有千頭萬緒的東西。

畢飛宇：這個短篇和我的許多短篇一樣，主人公依然是孩子，我想，我這一輩子的寫作也許都離不開孩子。說起這個來我有些慚愧了，黃蓓佳一直鼓勵我寫一點少兒的作品，可是我一直都不敢。黃蓓佳是這樣鼓勵我的，她說，你寫孩子有一套的。

張　莉：還真是，你寫孩子的小說都可以出本小說集了，為什麼。

畢飛宇：很難說為什麼，我總覺得孩子和老人與短篇小說之間有天然的聯繫。

7 短篇與唐詩

張　莉：你一直在寫短篇。一篇是一篇。尤其是近十年來，數量少，質量好，但總能給人帶來新鮮和驚喜。

畢飛宇：多年之前，李敬澤老師對人說，畢飛宇的能力很均衡。後來，有人把這句話轉告我了。現在回過頭來看，我在長、短、中這三者之間的確是能力均衡的，雖然李老師說的並不是這個意思。但是，有一件事李老師並不知道，在這三者的轉換之中，我的調整能力是很差的，我要花很長時間去「倒時差」。為了把事情說清楚，我只能打比方，長篇是中國，中篇是歐洲，短篇是美國，我在這三個地方都可以生活得很好，但是，一換地方，我要花很長的時間才能把時差倒過來。我不知道為什麼會這樣。我的寫作從來都是一波一波的，一陣子寫短篇，然後，停止，一陣子寫中篇，然後，再停止，一陣子寫長篇。在這個停止之間，我時常一停就是一年，這是我產量偏低的根本原因。

張　莉：小說家都會遇到這問題吧。

畢飛宇：在我寫完《推拿》的時候，由於狀態保持得非常好，我想接著寫短篇，可是，有一天，我突然發現，剛開了一個頭，一萬字就下去了。要知道，我平時的短篇很少超過八千字的，你說，一萬字都用完了，才開了一個頭，這怎麼得了！我氣瘋了，立即給遲子建打電話，說我完蛋了。遲子建在電話的那頭笑得都炸了。後來，我用了差不多一年的時間才把短篇的語調找回來。

張　莉：但你近幾年拿出來的短篇質量很均衡，事實上還是有長進的。

畢飛宇：你剛才那樣表揚我，那我就厚著臉皮笑納。不過，這裡頭有代價，如果說，我的短篇質量還說得過去，可能與我的調整有關，這就是說，我在數量上做出了犧牲。《玉米》發表之後，有人認為我的中篇是最好的，可是你別忘了，我差不多十年沒有中篇了。

張　莉：我喜歡讀短篇。在中國，大家不看好短篇，很多作家都去寫長篇了。但你並不輕慢這個文體。

畢飛宇：我寫短篇小說最大的幫手是唐詩。在我的童年時代，我並沒有受過特別的教育，但是，由於父母都是小學教師的緣故，我在父親的手抄本上讀了不少唐詩，這個使我終生受益。

張　莉：你又一次強調唐詩對你的影響。

畢飛宇：我讀的唐詩並不多，也不能背，但是，由於年紀小，又沒有人輔導，主要是孤獨，所以，我在很長時間裡喜歡把玩唐詩，所以，對「意境」這個東西我是敏感的。

張　莉：意境。

畢飛宇：意境不是別的，就是語詞之間的化學反應，語詞與語詞可以產生出大量的「言外」的東西，短篇要想寫好，考究的就是「言外」，否則，短篇之「短」還有什麼意思呢？

8　《玉米》

張　莉：《玉米》。我是二〇〇二年讀的，我跟很多人推薦過，也在BBS上寫過我對它的認識。現在如果去搜好像還能看到我當時的評價呢。它當時影響很大，關於它的評論很多，這大概是你小說中被人討論最多的吧？是不是你現在都不想談《玉米》了。

畢飛宇：關於《玉米》，我實在也說不出什麼了，的確，無論是我，還是別人，都說得太多太多了。我和你聊一點外圍的東西吧。很多人告訴我，《玉米》宏大，自信，從行文當中就可以體會得到。宏大那是一個感受的問題，我不說它，我想告訴你的是，我對《玉米》一點都不自信。也不是寫的時候不自信，是我知道，一旦寫完了，你的自信毫無意義。

張　莉：怎麼個不自信法？

畢飛宇：《玉米》我是應另一個雜誌的約稿寫的，他們也不知道我寫了什麼。寫完了，我一點底都沒有，怎麼辦呢？先發一個電子文檔給李敬澤看看吧，他說行，那就是行的，他說不行，那就改。第二天還是第三天？我的尋呼機上跳出了李老師的一句話：「《玉米》發《人民文學》第四期。」我一下子就傻眼了，我就知道李敬澤是李敬澤，我信賴的一個朋友，偏偏把他是《人民文學》的給忽略了，他以為我給他投稿了。這件事我也沒告訴他，告訴他又怎麼樣？要回來？

張　莉：真的嗎，還有這個事情，好玩兒。

畢飛宇：我對《玉米》真是沒把握。

張　莉：為什麼沒把握？

畢飛宇：我沒把握有我的理由，那時候，中國當代文學的熱點不在這裡：一、不在鄉村題材，二、不在寫實風格，三、時髦「身體寫作」。一句話，文學的審美場已經徹底不一樣了。二〇〇〇年，我發表了〈青衣〉，這大概是我影響力最大的作品了，許多人問我，下一部是不是〈花旦〉或〈老生〉。一年之後，那個寫〈青衣〉的傢伙突然回到鄉下去了，又是這樣老老實實的寫法，還有人看嗎？我一點底都沒有。如果李敬澤在我的尋呼機上留下這樣一句話：「這年頭誰還愛看《玉米》呀。」那我只能先放下來。

張　莉：的確是好東西。這個作家由此風格為之一變。

畢飛宇：這件事給了我極大的教育，不要跟風，跟風毫無意義。

張　莉：找到自己的路了。

畢飛宇：我一直強調寫作的獨立性，有時候，你必須「一個人」。我要老老實實地承認，在我的寫作初期，我是跟風的，但是，時間不長。有人曾給過我建議，要把自己的寫作納入到一種流派裡去，這樣才能成活。性格決定命運，這個命運就是作品，我的性格和神經類型不允許自己那麼做，我情願孤獨地、小心地、嘗試性地做自己。我同樣不允許自己的寫作出現慣性，慣性是可怕的，如果有一天，我在慣性裡頭無法急停、啟動，我情願不寫。

張　莉：那種慣性作家在當下太多了，讓人失望。

畢飛宇：我踢過很長時間的足球，你想想，如果你帶著你的足球從這頭跑到那頭，這還是足球嗎？那是散步。足球就是在不停急停、啟動，再急停、再啟動當中完成的，消耗在這裡，樂趣也在這裡。

張　莉：作為創作者，你覺得中篇和短篇的不一樣在哪兒？

畢飛宇：如果你讓我用清晰的理論語言告訴你，我做不到，即使做到了，我估計十有八九言不及義。我只能說，作為一個在長篇、中篇、短篇都有涉獵的作者，我有感性認識。它們都是小說，像人，但是，是三個完全不同的人，長篇吧，就是農業文明時代的中年的男人，一個壯勞力，他很少說不，幾乎什麼都做，什麼也都能做。無論他多聰明、多智慧，他始終給人以憨實、勤勞的印象，他是很好相處的，童叟無欺，有老好人的特徵，和任何人都可以搭訕幾句。正因為如此，長篇給人一個假象，什麼人都可以寫，不需要任何準備，所以，一個退休教師或退休的機關幹部常常這樣說：「過幾年我想寫一個長篇。」長篇有極大的包容性，好像是沒底的，濫竽也可以充數，這是典型的中年男人的魅力，也是典型的中年男人的無趣。

張　莉：哈哈，這個比喻……短篇呢？

畢飛宇：短篇是美少女，她可沒有那麼強的包容性，她是有性子的，因為漂亮，她必須保持她的驕傲和矜持，她格外地含蓄。她內心的活動哪怕是明確的，但是，嘴上也不肯明確。你本來可以不理她，可是，由於工作上的需要，你們有聯繫，對她，你不可以動凡心，可是，你也不能保證一點凡心都沒有。你不能天天和她待在一起，那個是吃不消的，但是，如果她離開久了，有一天突然又回到你的辦公室門口，你的內心會產生說不出來的高興，你的臉上難免會有超出了微笑的笑容。你也不能大笑，如果大笑，你自己都覺得自己有問題。

張　莉：真是小說家，又是一個比喻。

畢飛宇：中篇吧，就是一個職場的、風韻猶存的中年婦女，因為歷練，她在某些時刻可以呈現出壯勞力的特徵，最主要的是，她很樂於呈現這樣的特徵。可是，你不能真的以為她就是一個壯勞力，如果你發傻，信以為真，拿她當壯勞力使喚了，人家是不幹的。她會提醒你，她到底是女人，最重要的是，她當年也不是沒年輕過、沒漂亮過。——你怎麼能這樣？這就心酸了。這樣的中年女性說好處最好處，說難處也最難處。有些人特別願意寫中篇，有些人一說到中篇就頭大，原因就在這裡。

張　莉：中篇在國外的概念上好像沒有，《玉米》出版是三姊妹，三個放在了一起。

畢飛宇：是的，中篇小說很特殊，在西語裡，幾乎沒有這個概念。在英語裡頭，它叫 Long short story。這個概念很古怪，但是，在根子上，它還是接近短篇。

9《上海往事》和《那個夏季，那個秋天》

張　莉：《平原》出版之前你寫過長篇，不是那麼令人滿意。

畢飛宇：《平原》之前我寫過兩部長篇，第一部是《上海往事》。《上海往事》是一九九四年寫的。這個長篇很特殊，是一位導演請我寫的，他的計畫是請我寫劇本，可是，我不願意。商量的結果就是我寫小說，寫完了他再拾掇。

張　莉：那個電影是《搖啊搖，搖到外婆橋》。

畢飛宇：一九九四年，我三十歲，還在興頭頭地「先鋒」呢，事實求是地說，那時候我對「人物」、「故事」一點興趣都沒有。但是，既然是為電影寫的，你就不能不考慮人物和故事。這個小說對我來說相對是輕鬆的。

張　莉：為什麼？

畢飛宇：很簡單，不需要那麼多的、非常講究的敘事。我第一次確切地知道我的「語言好」就是在這個時候，導演拿著我的小說，說：「語言那麼好，可惜電影裡也用不上。可惜了。」

張　莉：電影用不上，這個說法很準確。

畢飛宇：在這個事情之後，許多導演來找我，希望我去搞電影，我就是不寫，因為我的語言電影「用不上」。我寫電影原來是揚短避長的。

張　莉：接下來你寫了《那個夏季，那個秋天》。

畢飛宇：是我的第二個長篇，寫於一九九六至一九九七年。這個長篇不在我的計畫之內，我原計畫是過幾年再寫長篇的，可是，由於生活上的一些事情，我突然有了一年的空餘時間，那就寫長篇吧。

張　莉：這個長篇跟你後面的很不一樣，不像一個人寫的。寫得不好。

畢飛宇：這是一個失敗的長篇，最大的失敗是心態不對。我過分強調寫作時間了，總覺得寫長篇是大事，必須要有大量的空餘時間，在時間不允許的時候，我就草草收場了。這是很可笑的心態，可是，我那個時候就是這樣的。

張　莉：長篇要的是持久力和耐心吧？

畢飛宇：到我寫《平原》的時候，我的不健康的心態自動消失了，慢慢寫唄。寫《平原》的時候我很淡定，一點也沒有覺得自己在「幹大事」，時刻提醒自己不要急。淡定和才華無關，但是，如果你淡定，你的才華會充分地發揮出來，你的心會潛得很深，可以抵達你平時無法想像的深度。

10《平原》

張　莉：《平原》寫了多久？

畢飛宇：《平原》我寫了三年七個月。我和外界並沒有失去聯繫，但是，我的心一天都沒有散。讓我自己誇一下自己行不行？

張　莉：行啊，誇吧。

畢飛宇：那個時候，我覺得自己的力氣真是大。那個時候我每天去健身，堅持了好多年了。一九九九年，我的臥推只有四十公斤，深蹲是五十公斤。因為堅持不懈，六年之後，二〇〇五年，我的臥推是九十五公斤，深蹲一百三十五公斤。不是推上去，要連續做八下的，一百三十五公斤的槓鈴可不是開玩笑的，看著都害怕。

張　莉：感覺自己很強大吧。

畢飛宇：我說的力氣大不是體力，是心理上的。我能感覺到自己很穩。我能感覺到我的文字和我所書寫的對象之間可以「鉚住」，像很高級的自行車，除了鈴鐺，哪裡都不響。這種感覺即使在寫《玉米》的時候我也沒有體驗過，這麼說吧，如果我想表達什麼，落實到文字，一定就是什麼，絕對不會「走樣」。

張　莉：你這麼說還是讓我想到先前我們聊到的寫作和身體的關係，至少在你這裡，那個臥推帶來的「穩」和寫作的「穩」貼合在一起了。

畢飛宇：寫完《平原》我四十一歲，我自己知道的，我是一個有點樣子的作家了。

張　莉：《平原》給你最大的心得是什麼，不再害怕寫長篇了？

畢飛宇：你說得很對，《平原》之後我獲得了心理上的安穩，我不會害怕長篇了。不僅如此，我找到了我和長篇之間很「般配」的那種關係。「般配」，你知道嗎？就是過日子。長篇就是我的呼吸，——呼，——吸，很慢，很長，很平穩，你就這麼活下去了。就這樣。

張　莉：據說《平原》你刪了很多字。

畢飛宇：對自己的作品，我通常不做回望，我不會再去讀它們。這裡頭是有原因的，我在修改的時候會讀很多很多遍，刪得也很厲害，《平原》我刪除了八萬多字。修改的次數多了，必然會帶來後遺症，脫手之後再也不想看它們。

張　莉：這小說有重量，有長篇應有的重量，和容量。我覺得，到目前為止，算得上是你最好的長篇。

畢飛宇：《平原》是不是我最好的長篇，這個我不會那麼無聊，自己宣布什麼「最好」，你也知道，作者的話是無效的。反正我一聽到哪個作家說自己的哪個作品「最好」我就想笑，這個毫無意義。對我來說，我寫了一部和當年的傷痕文學、知青文學不一樣的東西，這才是最重要的。在《平原》裡，我寫了兩個重要的主人公，一個是端方，一個是老魚叉，他們都是青年。但是，我的寫作重點卻不在他們身上，我的重點在兩個外來者，一個是右派老顧，一個是女知青吳蔓玲。如果沒有這兩個外來者，我不會寫《平原》。下放右派，再加上知青，這些人物在過去的作品中差不多是可以「定位」的，我的工作是重新定位。

張　莉：重新定位？

畢飛宇：我這樣做一點也不是狂妄，時代不同了，文化不同了，中國人對「人」的人文主義解讀也不同了。我必須做出回應。

張　莉：你第一次這樣談《平原》。

畢飛宇：寫《平原》的時候，有一本書一直放在我的身邊，那就是馬克思的《巴黎手稿》。我在大二的時候開始閱讀馬克思的，你知道，我的哲學素養一直不過關，我的哲學都是自學的，我閱讀《巴黎手稿》的真正目的就一個，探討一下「異化問題」，可以說，在整個大學階段，我都在關心「異化」，這也是八〇年代的一個熱門話題。

張　莉：老顧和吳蔓玲都是異化的人。

畢飛宇：從費爾巴哈，到黑格爾，到早期馬克思，他們一直關心這個問題。從人到「非人」，人類的問題究竟出在哪裡？費爾巴哈的答案是上帝，馬克思的答案是資產階級生產方式，也就是大機器生產。馬克思的觀點是明朗的，解決異化問題的根本方式是推翻了資本主義的生產方式，或者，乾脆說，推翻資本主義制度，這個觀點成了全世界無產階級革命的出發點。我出生在無產階級專政的文化背景裡，這個文化背景同時還是農業文明的背景，應當說，從我出

過。

張　莉：前面你已經談過這個問題了，看來曉明老師的觀點讓你實在難忘。

畢飛宇：沒有一個作家是為了向另一個人證明自己去寫作的，我想我也是這樣，但是，當我決定寫作《推拿》的時候，你必須要承認，盲人推拿師是那些離歷史相對較遠的人群，他們只有日常，他們的身上沒有所謂的主流歷史。我是偏愛歷史的，熱中批判，可當我面對這一群盲人推拿師的時候，我必須克制，否則，我很可能寫出一部生硬的象徵主義作品，這個我必須避免。幸虧我有了《玉米》與《平原》的寫作經歷，我想我已經具備了展示日常的基本能力，所以我說，作品的次序很重要，就像一大堆的兄弟，有些人的天性適合做大哥，他成了老大，很好，可是，有些人的天性不適合做大哥，他偏偏做了老大，這就很麻煩。我的意思是，如果我先寫《推拿》，再寫《玉米》和《平原》，我估計《推拿》不會是這樣的。你必須相信，寫作的內部有宿命的東西，不是才華、毅力可以一筆帶過的。

張　莉：但沒想到《推拿》的影響力遠大過《平原》。據說最近在上海上演的同名話劇很是火爆。

畢飛宇：《推拿》具有今天這樣的影響力我真的沒有想到，無論如何，在中國，盲人，或者說殘疾人，始終是遮蔽的，或半遮蔽的，他們的日常從來就沒有在陽光的下面得到充分的展示，要知道，中國有八千三百萬殘疾人呢，這是何等規模的人群？比法國、英國的人口都多。因為《推拿》，尤其是電視劇和話劇的影響力，盲人和殘障人士成了一個重要的社會話題，我感到欣慰。

12《蘇北少年「堂吉訶德」》

張　莉：為什麼會有這本《蘇北少年「堂吉訶德」》？定位是少年兒童讀物，我很好奇是什麼使你要動手寫它。

畢飛宇：這本書完全是被逼的，它的策畫陳豐女士逼了我七、八年，陳豐住在法國，我就躲，去年，她到上海九久出任副總編，近了，這一近我就沒有躲掉。陳豐女士有一個理念：留下一種童年與少年的模版。她很嚴肅地說，你有這個責任，許多作家都有這個責任。人的潛意識真的很強大，寫完了，我突然意識到，這本書的內容全部集中在我的十二歲之前。事實上，十二歲是不可以被當做少年的終止日期的，我問了我自己，為什麼截止到十二歲呢？謎底很容易揭開，我十二歲的那一年是一九七六年，寫過來寫過去，《蘇北少年》還是一本關於「文革」的書。說得更準確一點兒，這是一本關於「文革」時期鄉村童年與鄉村少年現實場景的書。

張　莉：是非虛構。

畢飛宇：因為是非虛構，它格外地真實。關於真實，古今中外的藝術家和哲學家們煞費了苦心。這不只是一個藝術的問題，更是一個哲學的問題。人是有感情的，在不同的狀態底下，人的情感會大幅度地干預你對外部世界的判斷，但是，你別忘了，我寫的是一本關於我的童年和我的少年的書，這樣的回望本身就充滿了情感，我這樣充滿情感，我能獲得真實嗎？

張　莉：就是說，你面對的問題是，怎樣寫才能讓它達到一種你要的真實。

畢飛宇：所以，這就牽扯到一個寫作上的問題，那就是我如何面對自己，面對我自己的情感。

張　莉：這也是非虛構作者必須面對的問題，必須要思考的問題。

畢飛宇：這本書我寫得實在是太克制了。就這個問題而言，這本書的寫作比我的任何一次小說寫作都要困難。如果我不控制，這本書只能是一本淚水汪汪的書，可是，我不希望這樣。道理很簡單，我必須誠實，對我個人而言，所有的苦難都是後來的事，是有了比較之後才有的事。

張　莉：沒錯。當時你未必有苦難的體會。

畢飛宇：在當年，作為一個孩子，我並沒有苦難意識，我每天都歡天喜地的。——你歡天喜地的，卻讓讀者為你的童年與少年淚流滿面，這究竟合適不合適？

張　莉：你首先傳達的是情感的真實，如何面對當年的自己。

畢飛宇：所以，對我來說，寫這本書調整書寫的方法不是問題，調整我自己才是問題。我畢竟也沒有做過這樣的事，所以，深一腳、淺一腳的。我每天都在為誠實而努力。這讓我很累，每一天都筋疲力盡的。

張　莉：這種克制很重要，裡面的情感和生活讓人感覺到真切，那種屬於少年的純粹快樂，可以和所有時代少年的情感相通。

畢飛宇：這本書我寫完了，我這樣做是不是最合適的呢？我也不知道。到底什麼是真實？我真的不知道。這個問題不宜多想，想多了你會發瘋。我可以告訴你的是，對一個作家而言，渴望真實的願望最重要，所謂的真實就在這裡。為了保持這個願望，你必須克服內心裡的許多東西。

張　莉：除了非虛構之外，這本書跟你以往的寫作相比，有什麼挑戰，或者區別？

畢飛宇：有一個巨大的區別，這區別就是對象。說得簡單一點，寫給誰去讀。你也知道的，在平時，我不可能去考慮這個問題，這個問題是有害的，想多了會使一個作家喪失他的純度。但是，這本書不一樣，在我還沒有動手的時候，陳豐女士就對我說了，——你要考慮好了，這本書會有不少少兒讀者的。好吧，我知道了，記住了。到了寫的時候，我的腦子裡全是孩子，還沒寫完一千字，我都不會寫了，我突然找不到我的語言了。我這麼說你就明白了，你知道如何和自己的孩子們說話，但是，一旦讓你到幼兒園裡去，面對一大堆的孩子，你突然覺得不會說話了，你覺得自己的嗓音都有問題。——附帶著我要說一句，給孩子寫作真不是一件容易的事，在此，我願意向所有為孩子寫作的同行們致敬。

張　莉：這個我很理解，面對孩子說話也是技術，甚至也是難度。

畢飛宇：我的寫作就這樣陷入了窘境，我失語了。我只能給陳豐打電話，我說我寫不來。陳豐做了妥協，她有些不高興地說，你想怎麼寫就怎麼寫吧。這個電話挽救了我，我終於回到了正常的寫作狀態。但是，孩子，這個潛在的影子，在我的腦海裡還是有的，所以，你也許注意到了，這本書的語言比我其他的作品稍稍囉嗦了一些，我不希望它過於簡潔。過於簡潔會導致一種特殊的力量。我還是希望這本書的語言能夠柔和一些。

張　莉：語言的柔和有時候產生特別的情感，比如一種親近，或者，態度的友好。

畢飛宇：說得再直白一些，該解釋的地方我還是會解釋一下的。因為有了這樣的背景，慢慢地，我寫這本書的時候產生了願望，很世俗。我希望母親或者父親，在晚飯之後，能夠把孩子放在膝蓋上，然後，給孩子讀。這是我最喜愛的生活情態，我的父親和母親從來沒有給過我這樣的待遇。我希望我的書是冬天裡的風，讀者的家裡暖洋洋的，那麼，在北風的呼嘯裡，你會獲得一種無與倫比的幸福。這幸福不是我給你的，是你自己的。

二〇一三年十月～二〇一四年一月

【附錄二】

牙齒是檢驗真理的第二標準

——關於社會價值觀的對談

酥鬆，低溫，這就是我眼中的新人際

張　莉：我還記得當年讀〈哺乳期的女人〉時的感受。它關注的是農村留守兒童，孩子對出外打工的母親的思念完完全全地落實在了一個毫不相干的女人身上，這一點打動了許多人。去年重讀，我覺得你非常敏銳地觸摸到了一種人際——時代變了，中國的人際也變了，這包括著一種價值觀的變遷。

畢飛宇：〈哺乳期的女人〉是我在一九九五年寫的，我當時的立足點還不是「空村」與「空鎮」，而是傳統家庭模式的消失。「基本國策」實施於一九八二年，從此，我們的「家」成了一個簡約的東西，人與人之間變得酥鬆。為什麼要說酥鬆呢？因為「三口之家」特別地脆弱，面對教育、衛生、社會安全、保險、就業等龐大的壓力，我們很容易神經質，只要有一個小小的意外，一個家眨眼之間就可能倒了；與此同時，我們對下一代的期待也是神經質的，差不

多到了瘋癲的地步。在這樣的前提下，我不知道我們的價值觀會有怎樣的變遷，我就知道一點，我們的價值觀會伴隨著病兆，帶有捉摸不定和火急火燎的傾向，缺乏承受力，缺少綿延性。

張　莉：〈家事〉就是關注的這一點吧，在孩子們的世界裡，學校是「單位」，也是「宗族」，同學們變成了夫妻、母子、父女，還是「親戚」：妯娌、叔姪、姑嫂、子舅等等，孩子們模擬著日常的、但已經是「歷史」的關係，讀者能感受到一種渴望。這小說引起很大反響，它是從特殊的視角書寫了人們內心深處的冷清。

畢飛宇：利用這個機會，我再說一次，〈家事〉不是一個關於戀愛的故事，這是一個「戲仿」的故事，它是一代人對我們傳統家庭模式的一次集體性的戲仿。——為什麼要戲仿？因為「家」消失了，說得文氣一點，只剩下一個背影。從這個意義上說，〈家事〉也是一個「憑弔」的故事，孩子們在過家家。作為一個寫小說的，我沒有能力也沒有興趣做學理上的分析，我只是和孩子們一起「冷清」了一次，用小說裡的話說，「清湯寡水」了一次。借用一個外交辭令，我表示了我的「嚴重關注」。——家庭模式的變異會改變人的基因，甚至改變一個民族的基因，這一點我可以肯定。

張　莉：這是從內部這個角度來說的，這個問題也許我們還可以換一個角度。

畢飛宇：差不多就在計畫生育政策開始實施的同時，經濟改革開始了。中國的經濟改革還有一個背景，那就是我們剛剛從「文革」當中走出來，我們急於擺脫紅色意識形態，卻沒有意識到文化的再建，更沒有意識到人是有靈魂的，這一來，市場經濟的「利益原則」在我們這裡就有些變態。

張　莉：小時候，覺得生活的目標就是過上像西方人那樣的生活：「樓上樓下電燈電話」，以為有了這樣的生活就有了一切，現在想想，原來不是。

畢飛宇：歐美也是市場經濟，但是，不一樣：第一，他們的遊戲規則是有效的，第二，他們有基督教文化背景。《聖經》上有一句話：「富人進天堂比駱駝穿過針眼還難。」這裡頭就有一個問題，我把這個問題叫做「天堂壓力」。卡內基有一句名言：「擁巨富而死者以恥辱終。」洛克菲勒也有一句名言：「盡其所能獲取，盡其所有給予。」這兩句話和「天堂壓力」都有直接的關係——這一來有趣了，在天堂的壓力下面，他們的財富有了一個溫暖的、開闊的去向。

張　莉：我們沒有天堂壓力，也沒有敬畏感。

畢飛宇：我們沒有天堂壓力，這很好。可是，這也帶來了另一個問題，我們在創造財富的同時，財富其實是沒有去向的，「給兒子唄」，這也許算一個。「為什麼要掙錢？」在這個問題上，我們還處在本能階段，遠遠沒有上升到一個理性的高度。我們是在「窮瘋了」這個背景上踏上掙錢之路的，說白了，我們在掙錢的時候心裡只有錢，沒有人，換句話說，我們的心中沒有「他者」——造賣假藥和霸占善款也許是最極端、最瘋狂的例子。這也就帶來了人際上的第二個特點，人與人之間的溫度在降低。

張　莉：酥鬆，低溫，概括得很形象。我想到你的小說〈相愛的日子〉，兩個大學畢業生在陌生的城市互相取暖溫存。小說的結尾是她給他看手機上候選對象的照片，他幫她選擇嫁給哪個有車有房的男人更可靠，之後就是友好分手。

畢飛宇：〈相愛的日子〉寫了一個低溫的愛情，低到什麼地步？低到了攝氏三十七點五度之下。你可以回過頭去看看，我在小說裡不厭其煩地交代體溫、天氣，我還不厭其煩地描寫了性。在我所有的小說中，這篇小說的性描寫差不多到了我自己都不能接受的地步——正式發表的時候，編輯其實是做了處理的。你知道嗎？我在寫這篇小說的時候遇到了一個很大的麻煩，除了性，我不知道我還可以往哪裡寫，你明白我的意思嗎？我在人才市場裡遇見過很多很多這樣的年輕人，許多人的生活是這樣的——我編都編不出什麼來。這真是一次太難忘的寫作經歷。

張　莉：這小說讓人想到魯迅的〈傷逝〉，相愛的男女主人公都是外省青年，生活在城市的邊緣。不同也很明顯，子君與涓生的精神世界很強大，他們不認同他人或社會的判斷標準；而在〈相愛的日子〉裡，世俗的價值判斷影響著他們的行為，他們不得不接受。

畢飛宇：你所談到的問題是重要的，「五四」時期的知識青年有一個基本特徵，那就是內心充滿了「創世紀」的願望，不管他們是頹廢還是絕望的，「創世紀」終究是他們內心的一個重要元素。現在不一樣了，我們的文化心態是世紀末的，世紀末的文化心態有兩個特點，我把它總結成兩個詞：一、急功，二、近利，它和創世紀的「功利原則」還是有很大區別的。急功，近利，它既是經濟，也是文化，更是政治。

張　莉：更極端的也許是出現在〈睡覺〉（《人民文學》二〇〇九年第十期）小說最後，當那個二奶小美想和一起遛狗的男大學生在草地上睡個「素覺」時，男學生向她伸出了五個手指（五百塊錢），這讓人讀了很寒冷。我覺得，〈相愛的日子〉與〈傷逝〉最大的不同在於，在資本面前，愛與尊嚴都變得那麼無足輕重。——這就是單純GDP主義的結果，在強大的資本面前，人是何等渺小。

畢飛宇：關於金錢，我不得不說民間。中國社會最大的問題不是出在金錢上，而是出在民間社會的不發達上。這些年我們一直在談民間，事實上，在龐大的國家面前，我們良性的民間社會非常非常地無力，更加糟糕的是，我們良性的民間力量還有被進一步扼制的趨勢。如果我們良性的民間社會高度發展起來了，有力了，結果將會怎樣？——它必將影響到金錢的流向，良性的民間社會有一個基本功能，參與財富的再分配。這個再分配將是有益的，它不是「多勞多得」，相反，它可以映照出「多勞多得」的簡單與粗暴。

張　莉：〈哺乳期的女人〉、〈彩虹〉、〈家事〉等小說呈現了你眼中的中國人際倫理的變遷，某種程度上也是發展和社會的現代化之間的關係。你嘗試著將我們這個時代的普遍性困惑表達出來。

畢飛宇：你說出了一個很要緊的詞：困惑。作為一個寫作的人，我感受得最為充分的就是這個東西，困惑。為什麼會困惑呢？在許多問題上，我發現我時常陷入相對主義，我不得不說，在許多問題面前，我是一個相對主義者。為了擺脫這種困惑或相對主義傾向，我只能在面對問題的時候給自己一個範疇：那就是中國。所謂發展，是中國的發展，所謂現代化，也是中國的現代化。這一來事情似乎就簡單一點兒了。

張　莉：中國畢竟是我們身在的場域。

畢飛宇：中國的發展是好事，中國的現代化也是好事，但是，問題來了，我是寫小說的，我的立場很簡單，那就是批判與懷疑。我不認為我的批判與懷疑有多大的作用，但是，寫小說的人就是這樣，他在本質上是一個弱者，他有悲觀的傾向，他對傷害有一種職業性的關注，然後是批判——與其說這是責任，不如說這是神經類型，小說家的氣質與心智決定了他們只能這麼幹。一個小說家最大的困惑也許就在這裡：即使他認為路必須是這麼走的，他也要質疑，他也要批判。

我們並沒有進入多元化時代

張　莉：你的〈玉米〉、〈玉秀〉、〈玉秧〉很有影響，寫的是「文革」裡和「文革」之後三個女性的命運，外文版被翻譯為《三姊妹》。我喜歡〈玉秧〉，它寫了「一場災難有多長」——「文革」遺留的日常暴力如何進入我們日常生活，「文革」期間的告密、揭發和懲罰如何延續，小說非常細緻地把它們展示了出來。

畢飛宇：我寫《玉米》是二〇〇〇年的事，你知道的，我最早渴望的是一個愛情故事，後來「跑偏」了，寫成了現在的這個樣子。現在的問題是，我為什麼會「跑偏」？我認為這個話題對我個人來講也許更有意思。

張　莉：小說換了走向，一定會有它的原動力。

畢飛宇：許多事情是要回過頭來看的，我記得那個時候，其實更早，一些學者開始為「文革」唱贊歌，還有理由，比方說：「文革」期間沒有現在這樣的貧富差距，「文革」期間沒有腐敗，「文革」期間農村的醫療衛生比現在要好。——沿著這樣的思路，我們能不能說，希特勒滅絕猶太人為人類的人口問題做出了貢獻？

張　莉：所以，你想表達自己的看法？

畢飛宇：對。我的許多小說其實都是我的發言稿，在許多問題上，我是一個渴望發言的人，但是，我知道我的短處在哪裡，長處在哪裡，我知道用什麼樣的發言方式更適合我，我的不少小說就是這麼產生的。剛才你談到了〈玉秧〉，在這裡我還想補充一句，〈玉秧〉是我最為重要的表達之一，雖然〈玉秧〉沒有〈玉米〉那樣的影響力，但是，對我而言，它的重要性一點也不亞於〈玉米〉，甚至更重要。

張　莉：《平原》寫的是「文革」，在二〇〇五年被評為年度十大好書。裡面有個知識分子顧先生，他只會背「唯物論」，幾乎被異化到完全沒有日常生活能力。這是對「傷痕文學」知識分子形象書寫的戲擬與反叛。你說過自己是「傷痕文學」的讀者，但對它們不滿意。

畢飛宇：我寫《平原》已經是二〇〇三年了，不是一九八〇年，更不是一九七八年。我和「傷痕文學」作家處在完全不同的精神背景上。事實上，我說我對「傷痕文學」不滿意，完全是看人挑擔不吃力。中國當代文學必須要從那兒經過，這一點毋庸置疑。不過，話又要反過來說，如果我現在的聲音和一九七八年是一樣的，那是多麼巨大的一個悲劇。一個人和歷史的關係就是這樣奇特，有時候，離得遠了，你反而能看得更加清晰。這不是我有異樣的稟賦，我只想說，時間是一個營養豐富的東西，我們不能被它「過」了，我們得吃它。

從一九七八年起，我在父親的影響下開始閱讀中國的當代文學，當然，附帶著我還關注思想爭鳴與歷史研究，一直到現在。沒有這三十多年的閱讀、「吃」，我下不了《平原》這顆蛋。

張　莉：你的很多小說都是以「文革」為背景的，這表明你是對「文革」念念不忘的作家，「帶菌者依然存在」是你對「文革」的認識和態度嗎？

畢飛宇：「文革」有兩個方面的基本內容，一是事件，二是精神，這是一個常識。我覺得我們中國有一個巨大的問題，許多事情大家都知道，誰也不願意說出來。一句話在牙齒的裡口還是在牙齒的外口差別是極其巨大的，在外口，就是一句人話，在裡口，頂多就是一個屁。我們都知道一個詞，叫真相，所謂真相，它的前提就是「說出來」，不說出來就不是，真理也是這樣，不能被言說的真理肯定不是真理，所以呢，我想說，牙齒是檢驗真理的第二標準。很可惜，我們太沉醉、太痴迷於「可意會而不可言傳」這個玄奧的東方美學，還有含英咀華的表情。對「文革」也是這樣，我們只談事件，不提精神。我在《平原》的結尾處安排了一個帶菌者的角色，無非是想說出一個簡單的事實，事件結束了，精神卻還在。

張　莉：你喜歡使用「文革」語言和政治話語進入日常生活，既幽默又諷刺。作為一位對語言敏感的作家，我想你不是無意識地使用。

畢飛宇：我當然不會認為我是一個對語言沒有敏感的人，但是，我還是要說，《玉米》和《平原》裡的那些語言，我並沒有在寫作之前就把它們預備好，這是真的。我經常說，寫作是一個系統，你只有進入了那個系統你才可以工作。在《玉米》和《平原》裡，我大量地使用了「文革」語言和政治話語，為什麼會這樣？我告訴你——光線暗了，我們的瞳孔自然而然地就放大了。

張　莉：「自然而然就放大了」正說明了你的「時刻準備著」吧，語言幾乎是一個人的身分標誌，是形式也是內容。

畢飛宇：語言是一個大問題，它的意義遠遠超越了語言本身。你注意到沒有，許多對歷史產生重大影響的人，撇開善惡，他們都有一個共同的特徵，他們都是語言大師。醫生們常說，健康是「吃」出來的，我想說，思想是「讀」出來、「聽」出來的。「讀」和「聽」和語言就有著千絲萬縷的聯繫。語言不是精神，但語言和精神有配套的關係，「文革」語言和「文革」精神是配套的，維多利亞語言和維多利亞時代是配套的。二次大戰之後，德國為了重塑德國，他們在語言上花了很大的力氣。我們呢？我們在這個地方做得很不夠。

張　莉：我們這個時代的語言有什麼特點？

畢飛宇：我們這個時代有粗鄙化的傾向，這個粗鄙化在語言上的體現尤為充分。

張　莉：「粗鄙化傾向」——這真是小說家的感受力，我覺得我們可以充分地談談。

畢飛宇：我們都在說，我們處在一個價值的多元化的時代，很好聽，是吧？其實，我覺得不是。我們現在所謂的「多元」，本質上是我們什麼都不相信，真是什麼都不信。價值的基本價值就是信，它的使用價值也是信，不信是驢頭，多元是馬嘴，它們根本對不上。從這個意義上說，我們只是進入了一個更加利己和可以利己的時代，而不是多元化時代。價值從一元走向多元，這個過程比我們想像的要艱難許多，沒那麼簡單。

張　莉：北島曾經說：「我不相信。」不過，那不相信與現在的這個不相信不一樣。

畢飛宇：不一樣。北島的時代是強迫人們「信」的時代，「大多數」其實是「被信」了，北島說「我不相信」，那是驚天動地的。我們現在的「不信」是什麼都不相信，為了安全，我們做得最多的事情是作踐我們自己，把自己弄成地上的一堆狗屎，這多安全呢，永遠也摔不著。——粗鄙惡化傾向就是這麼來的：我是狗屎，你能拿我奈何？這有意思嗎？沒有。

張　莉：你有篇文章說，因為有了手機，我們已經出現了一種「新語言」。我也有同感。

畢飛宇：是的，我寫過一篇這樣的文章。雖然我本人沒有手機，可是，我熟悉手機的語言，我不知道你如何看待那樣的語言，那種曖昧的、半真半假的、進退自如的、油腔滑調的語言，大部分是調情的——我的意思是說，即便是調情，這裡頭也應該有真實的東西，表明你喜歡一個人。

張　莉：手機語言和網絡語言非常相近，人面對面的時候是不會這樣說話的，但有「憑藉」就不同了，所謂調情，玩笑和戲仿的東西居多。

畢飛宇：我在寫那篇文章的時候引用了兩個人的話，一個是杜斯妥也夫斯基的，他批判當年的俄羅斯用了一個狠叨叨的詞，叫「粗鄙地享受」。我覺得「粗鄙地享受」很像我們的今天，我另外還引用了哈代的一個詞，叫「很講究的情緒」，我覺得這也是我們今天所缺乏的。杜斯妥也夫斯基沒有對「粗鄙地享受」做進一步的說明，我猜，與此相應的也許正是「蒙昧時代」。

張　莉：你的意思是，手機幫助我們溝通，但也毀壞我們的人際倫理？

畢飛宇：不是不是，絕對不是，手機沒有任何問題，這個是一定的。我不喜歡的其實還是這樣一種語言模式：赤裸又曖昧。為什麼赤裸呢？目的性很強，功利性很強，曖昧則是武器，滿身都是迷彩色——這和我們的基本心境倒是很吻合，又赤裸又曖昧。說到價值觀，我不知道我們今天在堅守什麼樣的價值，我真的不知道。但是，我知道它的氣質：赤裸而又曖昧。

張　莉：所以還是不用手機？

畢飛宇：我是宅男，沒有必要把家裡的電話線掐斷了，然後再把電話拴在褲腰帶上。

尊嚴不是個人問題，是社會問題

張　莉：《推拿》寫的是盲人推拿師的生活，殘疾人對你的生活有過觸動嗎？

畢飛宇：我們先說點別的吧。我出生於二十世紀六〇年代的蘇北鄉村，在六〇年代的中國鄉村，存在著大量的殘疾人。不知道你注意過知青作家的作品沒有，在他們的作品中，人物的名字往往很有特點，經常是二拐子、三瞎子、四呆子、五啞巴、六癱子。我想告訴你的是，這不是知青作家的刻意編造，在我的生活中，的確就有許多三瞎子和五啞巴。

張　莉：這曾經是普遍現象。

畢飛宇：我對殘疾人一直害怕，鄉村的民間智慧是這樣總結殘疾人的：瘸狠、瞎壞、啞巴毒。瘸為什麼狠？他行動不便，被人欺負了他追不上，這樣一來他的內心就有很深的積怨，一旦被他抓住，他會往死裡打，他狠；瞎壞的壞指的是心眼，瞎為什麼壞？他行動不便，被人欺負了也不知道是誰，這一來他對所有的他者就有了敵意，他是仇視他者的，動不動就在暗地裡給人吃苦頭；啞巴為什麼毒呢？他行動是方便的，可他一樣被人欺負，他從四周圍猙獰的、變形的笑容知道了自己的處境，他是卑瑣的，經常被人擠對，經常被人開涮，他知道，卻不明白，這一來他的報復心就格外地重。我並沒有專門研究過殘疾人的心理，不過我可以肯定，那個時候的殘疾人大多有嚴重的心理疾病，他們的心是高度扭曲的和高度畸形的。他們的心是被他人扭曲的，同時也是被自己扭曲的。

張　莉：那時候，大家都沒有尊嚴感，也意識不到自我和他人的尊嚴。

畢飛宇：在六〇年代的中國鄉村，人道主義的最高體現就是人沒有被餓死、人沒有被凍死，如果還有所謂的人道主義的話。沒有人知道尊嚴是什麼、尊重是什麼。沒有尊嚴和尊重不要緊，要緊的是要有娛樂。娛樂什麼呢？娛樂殘疾人。最直接的方式就是取笑和模仿。還是說出來吧，我至今還能模仿不同種類的殘疾人，這已經成了我的一塊黑色胎記。

張　莉：我想起來，趙本山很會模仿盲人。

畢飛宇：趙本山早期的代表作之一就是模仿盲人。他足以亂真的表演給九百六十萬平方公里的大地送來了歡樂。我可以肯定，趙本山的那齣小品不是他的創作，也是他成長道路上一個黑色的環節。

張　莉：不僅僅是他的成長經歷，我們每個人或多或少都有這樣的經歷。

畢飛宇：我要說的是，在六〇年代的中國鄉村，每個鄉村不僅有自己的殘疾人，還有自己的趙本山。不可思議的是，這些趙本山不是健全人，而是殘疾人。我至今還記得一位這樣的盲人，他叫老大朱。為了取悅村子裡的父老鄉親，他練就了一身過人的本領，他的耳朵會動，他會模仿各種家禽與各種家畜的叫喊，他還能模仿瘸子、駝背和癆病患者。只要有人對他吆喝：瞎子，來一個，他就會來一個。請允許我這樣說，他的生活是牛馬不如的，但他很快樂，因為他知道，要讓健全人快樂，他自己首先要快樂起來，他所謂的快樂就是作踐自己。

張　莉：很可怕，我小時候也有看到別人以作弄殘疾人為樂的經歷。

畢飛宇：其實我們是非常講尊嚴的，你一定還記得《紅樓夢》裡的劉姥姥，她在進入賈府之後，為了得到幾個小錢，她刻意做了那麼多荒唐的事情。可是，在進門之前，你看看，她一遍又一遍地「拽板兒上衣的下襬」，要體面。這很教人心酸的。劉姥姥的苦中作樂絕對沒有「我就不是人，我就不要臉」這層意思。

張　莉：所以，你要在意尊嚴。

畢飛宇：是的，我在意。其實一開始不是這樣，我如此在意這件事是在我和盲人朋友相處之後。我們相處了很久了，他們有一個推拿中心，我每天在推拿中心進進出出，有一天，我突然意識到了一個問題，門內和門外是有區別的：門內很在意尊嚴，門外則不那麼在意。我感到我抓住了什麼東西，也許我誇張了，我就覺得我抓住一個時代的問題，也許還是一個社會的問題。

張　莉：《推拿》出版是在二〇〇八年十月。那一年我們剛剛經歷大地震——兩分鐘，我們不僅有八萬同胞離世，還有成千上萬的人被截肢。電視上常有地震中的少年被帶到舞臺上講述自己的苦難，那些孩子還要在公眾面前接受禮物，主持人要求他們不斷地說謝謝。看電視時我想到《推拿》中的都紅，面對捐款她悄悄離開了。認識尊嚴有很長的路要走，尤其是對當下的中國社會而言。

畢飛宇：《推拿》的第二稿是五月十號寫完的，三天之後，也就是五月十二號，四川地震了。老實說，守在電視機前，到了六月，我的心情就開始複雜了。我想說的是，社會的變更真是一步也跨不過去，沒有所謂的「跨越式」發展，尤其是精神這一個層面。比較一下東、西方的歷史，我們缺了太多的課，其實缺了課也不要緊，但我們的腦子裡得有補課的念頭。有些東西是不能分東、西方的，比方說尊嚴，它是普世的。

張　莉：《推拿》給予了那些被社會忽略的族群以關注，讓他們感受到與社會的緊密關係。我看到報導說，很多盲人讀《推拿》，將它視為「我們的小說」，你有別的作家沒有的讀者群。

畢飛宇：說起盲人的閱讀，真是一個有趣的事情，你知道嗎？在電腦上，盲人的閱讀有專門的軟件，也就是語音轉換機制，速度快極了，還可以調，速度是我們閱讀的好幾倍，一度，許許多多的盲人朋友都在讀它，我真的沒有想到《推拿》會經歷這樣的一個盛況，我又一次經歷了許多作家沒有機會經歷的東西。我想對你說，如果你讓我重新書寫《推拿》，我可以寫得更好，可是，——可是天底下哪有這麼好的事情呢，永遠沒有事後的諸葛亮。除了遺憾，我還能說什麼？

張　莉：《推拿》一出版就被譽為二〇〇八年度小說的重要收穫，獲得了很多獎項，不久前繁體版獲得了臺灣《中國時報》的二〇〇九年度圖書獎，這表明它觸動了我們整個社會的神經。但是，也有讀者問，《推拿》中的盲人怎麼這麼像正常人，他們哪兒跟我們不同？你聽到過這樣的說法嗎？

畢飛宇：我當然聽到過，這不是我的遺憾，我很高興《推拿》的寫作提升了我自己。

張　莉：有時候，讀者還是有他的閱讀定勢。

畢飛宇：閱讀有它的傳統與慣性，真的是這樣。說起盲人，讀者們往往也有一種預設，噢，這小說是關於盲人的，盲人嗎，《推拿》就應當寫「如此這般」。果真是如此這般嗎？往往不是的。作家的創造時常有兩種相反的向度：一、給出一個「新世界」；二、還原一種常識。有時候，還原一種常識比給出一種「新世界」更有價值、更具魅力。藝術的困境和光榮就在於，有時候，它創造了「新世界」，有時候，它勇敢地站在了「新世界」的對立面，義無反顧地和常識站在了一起。

對普世價值視而不見，這是中國必須面對的問題

張　莉：能不能這樣說，尊嚴感一直是你寫作的目標？

畢飛宇：我一直渴望自己能夠寫出一些莊嚴的東西，莊嚴，同時宏大。莊嚴而又宏大的東西一定是充滿尊嚴感的，但是，在這裡我要把宏大這個東西單列出來作一番解釋，我所認定的宏大從

來不是時間上的大跨度，也不是空間上的大跨度，甚至不是複雜而又錯綜的人物關係；我所認定的宏大是內心的縱橫，開闔，是精神上的渴求，它是不及物的，卻雄偉壯麗，它是巍峨的，史詩般的，令人蕩氣迴腸。很遺憾，我的寫作至今都沒有達到我的預期。

在這裡我還要做一點小小的補充，我是被「徹底的唯物主義」餵大的孩子，現在，我最大的心願就是做一個唯心主義的藝術家。

張　莉：剛才你說很多小說都是你對社會的發言，我想到〈地球上的王家莊〉。據說這小說是急就章，有感而發。

畢飛宇：那是二〇〇一年十一月的事，離杜哈會議，也就是世界貿易組織第四次部長會議不遠了，那時候我們都在討論中國要不要加入WTO，知識分子當中反對的人很多。我是支持的。道理很簡單，我們不能獨立於世界的外面，我們的遊戲不能游離於大的遊戲規則之外。我是喜歡踢足球的，在球場上，你粗暴、你犯規，這些都不要緊，但是，得有黃牌和紅牌。我沒有能力論述中國為什麼要加入到世界裡去，可我有能力把閉塞的世界描繪給你看——我們是弱者，弱者就喜歡在不安全的時候喊幾聲，這喊聲有人聽見了，我們將是一個活法，沒人聽見，我們將是另一個活法。

張　莉：小說寫得精妙，它有「以輕寫重」的美學特點：王愛貧和王愛國都有自己的一個宇宙系統，堅信這個系統是以王家莊為中心向外輻射的——你將王家莊作為一個很重要的意象。

畢飛宇：地球上的「王家莊」是閉塞的，這是一個沒有紅牌和黃牌的世界。自己當運動員，自己做裁判，這也許就叫中國特色吧。有時候，我們的主人意識真是太強大了，我們會梗著脖子反問：是我在踢球，憑什麼讓你來做裁判？憑什麼呀？你一定要來做裁判，好，我不高興，說不。

張　莉：說到中國特色，我想到一直以來關於核心價值與普世價值的討論，寫作者恐怕也得面對這個問題。

畢飛宇：我們一直生活在「核心價值」裡頭，而不是普世價值。遠的不說，大半個世紀之內，我們的作家其實是在指定的核心價值下面思考生活和寫作的，這是中國文學所體現出來的中國特色。

問題是，普世價值和我們的核心價值是分離的，甚至是矛盾的，這是一個誰也不能否認的基本事實。

張　莉：這種分離在今天更需要被重新認知和反省。

畢飛宇：我給你講一個故事，這個故事我在你的母校北京師範大學講過了，今天講給你聽。故事發生在二十世紀七〇年代，那時候中國的大地上剛剛時興喇叭褲。喇叭褲，你知道的吧？

張　莉：當然。

畢飛宇：知道就好辦了。有一天，在一條船上，一個穿著喇叭褲的年輕人上船了，另一個沒穿喇叭褲的小夥子就和穿著喇叭褲的小夥子對視。突然，沒穿喇叭褲的小夥子站起來了，抽了穿喇叭褲的小夥子一大嘴巴。穿喇叭褲的小夥子問：「為什麼打我？」打人的小夥子說：「老子就是看不慣你的褲子。」然後打起來了。

張　莉：很無厘頭的場景。

畢飛宇：我要說的不是打架，我要說的是另外的一件事。兩個小夥子被人拉開來之後，船艙裡的人們開始討論了，討論的中心是：挨打的小夥子到底該不該穿喇叭褲？——然而，沒有人涉及他該不該挨打。

張　莉：這個故事有隱喻氣息。

畢飛宇：一個人不可以無緣無故地打人，這就是普世價值；該不該穿喇叭褲，這裡頭也許有價值問題，但顯然，它不涉及普世價值。這個故事非常清晰地表明了一件事：我們時常把普世價值丟在一邊，然後，嘰嘰喳喳，沒完沒了。前些日子我正好讀到過一篇文章，意思很簡單、很明確，這個世界上根本就沒有普世價值，——說什麼好呢。在今天，我特別想說，對普世價值視而不見，這是中國必須面對的問題。其實，視而不見這個說法還是輕佻了，我個人的體會是，我們在刻意回避。

＊首次發表於《文化縱橫》二〇一〇年第一期（發表時有刪節），後收入《推拿》（簡體版，人民文學出版社，二〇一一年版）、《PATHLIGHT》（《人民文學》英文版）夏季版。

【附錄二】

批評家和作家可以照亮對方

好作家是獨特的民族記憶生產者

張　莉：在當代中國，作家和批評家們都熱中於史詩性的宏大寫作。我個人對史詩類作品沒有特別偏好。好小說固然應該關注那些抽象的、宏大的社會變革，關注變革帶給人與人生活的顯在變化；但更應該關注這些變革之下人的內心生活的困窘，關注時代給人內心深處帶來的扭曲和變形。

畢飛宇：在這個問題上我有些情緒化，我承認我有些偏執，很難說是為什麼，四十歲之後我很難在知覺上認同史詩模式。我把史詩模式定義為「最容易的小說」，也就是「最偷懶的小說」。史詩模式的作品都是貼著歷史階段寫的，從一個階段開始，再在另一個歷史階段結束。就說結構吧，它是現成的，再開闊、再宏偉，史詩模式的結構也是現成的。它對小說家能力的拷問其實並不大。我個人的興趣始終在人物的內部。我是一個注重現實性的寫作者，我始終在問自己：現實性到底在哪裡？我的答案是，在人物的內部。我理解的現實性永遠在主體的這一邊，而不是相反。我不奢望所有人都同意我的觀點，但是，說服我也很難了。我還想岔開來說幾句。我已經多次對第八屆茅盾文學獎的評委表示過感謝了，我還要再感謝。《推拿》一點也不「史詩」，評委會把茅獎授予《推拿》，這絲毫不能說明《推拿》有多好，它只是表明了中國文學的一個新姿態：中國文學更包容了，非史詩模式的小說作為另一種小說向度，即使在茅獎那裡也得到了尊重。說句大話，我真的不只為自己高興。小說家當然要面對歷史，這個毫無疑問。如何面對？我始終認為《紅樓夢》是智慧的，《三國演義》則笨手笨腳。

張　莉：我一直感興趣當代寫作者如何面對和書寫現實的問題。你注意到沒有，有時候一部作品明明是寫現實的，但讓人感覺特別虛假，可是，反過來，有的作品沒寫當下，寫的是歷史，卻神奇地具有「現實感」。我們已經多次討論過「現實感」了。前陣子讀以撒·柏林的《現實意識》，我感觸很深，對於一位寫作者而言，現實感是什麼？

畢飛宇：是的，在我們的談話中，多次涉及「現實感」。毫不誇張地說，「現實感」是小說家和批評家的大眾情人，人們在轟轟烈烈地向她示愛。可是，既然是大眾情人，她就一定有大眾情人的妖魅處。在我看來，「現實感」和現實一樣難以捉摸。我經常讀到這樣的話：某某作品具有強烈的「現實感」。——我們能不能反過來想想，你做出這個判斷的依據是什麼？你做田野調查了？你做標本分析了？沒有，也不需要。所以，我的結論是，對「現實感」的判斷，從一開始就不是一個邏輯問題，而是一個美學問題，讀者有權利跳過邏輯做他的美學結論。對我來說，「現實感」就是一種錯覺，它是望遠鏡或顯微鏡底下的世界，這世界彷彿在視覺之內，其實，它在視覺之外，是神奇的「虛構」幫我們完成了奇妙的、偉大的視覺轉換。

張　莉：我贊同你說的「視覺轉換」，它也是一種「感覺傳遞」。〈哺乳期的女人〉發表快二十年了，但今天讀來依然覺得它寫的是正在發生的現實。家長們出外掙錢養家，卻看不到親情倫理的淡漠，這是表相之下我們的困窘。現實感就是人與人的感受，它與現實不一定是一比一的關係。如果把這個時代比作怪獸，每個寫作者都在企圖接近它的核心，渴望找到它的心臟，摸到它的脈搏。但大多時候我們會被表相迷惑，我們摸到它的牙齒、尾巴、腿，卻以為是心臟。我認為，當下的中國文學忽略了對個體精神生活的關注，我們的精神疑難潛藏在表相之下，很難被表達和認知，因此也很值得寫作者冒險。

畢飛宇：謝謝你還記得〈哺乳期的女人〉。這個短篇完全是子虛烏有的，但它是真實的。我說它真實，並不是我真的遇到過小說裡的事件與人物，那倒沒有。我是說，我的擔憂是真實的，我的情緒是真實的。我寫作〈哺乳期的女人〉的時候，我一直被一種情緒籠罩著，不寫出來我就無法擺脫。我是個情感豐沛的人，我始終認為情感是小說家的第一要素，這麼多年來我總結出來一條，在情感上可以擺脫的作品總是可疑的，相反，如果你不寫就無法擺脫，這樣的作品總是會有出人意料的生命力。對小說家來說，分析會導致片面、機械，充分地體會自己的情感，相對來說就要開闊得多。小說的接受美學從來都是從情感到情感的，而不是從邏輯到邏輯。當然，情感也會出現偏差，但是，情感是風，不是箭，情感即使出現了偏差，它的「照顧面」也會比一枝箭寬廣得多。

張　莉：「情感」這個表達好。說說我理解的「現實感」吧，我認為「現實感」是作家和讀者借助文本共同完成的一種情感對接，是他們自覺凝結而成的神奇的「感覺共同體」。它出於作家對這個時代獨一無二的感受力，它存在於宏大的、蹈空的形而上的公共經驗之下的灰色地帶。當年，契訶夫、杜斯妥也夫斯基寫了那麼多繁雜的作品，表明他們對認知所在時代的渴望，傳達個人經驗的渴望。但他們可能並不知道自己的作品是否具有「現實感」，他們只是書寫，不斷地書寫出他們的困惑或焦慮。在當時，這樣的書寫乖張偏僻，不招人待見，甚至被認為是「瘋言瘋語」，但多年後我們發現，它們寫的正是屬於俄羅斯乃至全人類的記憶和境遇。——我心目中的好作家是獨特的民族記憶的生產者，是「這一個」記憶的見證者和書寫者。

畢飛宇：你的這番談話不是針對我的，可是，我願意把你這番話看做是對我的鞭策。我們這一代的作家大多不是從公共經驗和公共記憶出發的，正因為如此，我們和先鋒以前的作家區分開來了：我們更個人、個體、個性。但是，我們不能忽視一點，正如你所說，我們不能忽視「獨特的民族記憶的生產者」這個概念。個人記憶和民族記憶肯定不是對立的，但是，他們也不是對接關係，它們之間沒有一種必然的、天然的對接。如何使個人記憶上升到民族記憶，我們要有這樣的自覺。換句話說，我們要在更大的信念之下「處理」我們的個人經驗，就我個人而言，我覺得自己在這方面有欠缺。可我一點也不沮喪，我的寫作歷程告訴我，當我意識到自身缺陷的時候，我會看到希望，會知道要做什麼。

優秀的批評家和作家可以徹底照亮對方

張　莉：最近都在討論文學批評的有效性，何以有效？我覺得首先得用「人的聲音」說話。我寫過一篇〈「以人的聲音說話」〉的短文，作為讀者，我實在厭惡「理論腔」。批評文字首先得有可溝通性，作家能看得懂、讀者能看得懂。一個人的語言表達、說話腔調甚至他使用的標點、停頓的習慣，都是思維方式的顯露。當一位批評家用僵化的語言表達對一部作品的理解時，表明他的思維已經固化。——如果不使用「人的聲音」，何以談「人的文學」？

畢飛宇：我的「從文」經歷很有意思，在寫小說之前，我寫過詩，也寫過評論，因為不成功，最終寫起了小說。李敬澤老師曾在一篇文章裡調侃過我，他是這麼總結我的：「一個好吃的人最終做了廚子。」

李敬澤老師對文學非常熱愛，我也是。但是，他硬把另一個熱愛文學的傢伙比喻成「一個好吃的人」。順著他的思路，我想這樣說，文學是我的終身大事，同時也是我的「玩具」。它是我的「手把件」。即便我不寫小說，不寫評論，我也會一輩子「把玩」這個東西。我這樣說沒有半點不敬，相反，只有這樣的表達才能窮盡我對文學的熱愛。——就在奧運會前，有一天晚上，大概十點多鐘，我給敬老打電話，聊到後來，敬老突然大叫一聲，說：「都三點了！」然後敬老嘆了一口氣，說：「這年頭還有兩個傻瓜聊小說能聊到這個時候。睡覺去！」

「人的文學」這句話可以用許多方式去表達，可以說得很理性，也可以說得很家常。在我看來，「人的文學」是這樣的：你和文學親，你洋溢著愛，一說起這個你就嘮叨，沒完沒了，像月子裡的女人和人聊尿布。我覺得文學從來不玄奧，有時候，它就是尿布，但是，千萬別以為「尿布」就不講究，就沒學問，如果你愛孩子，願意替那個不會說話的孩子「設身處地」，你會發現每一塊「尿布」都有它的理性程序，甚至有它的人文價值。

且不說「尿不濕」的高科技，單說一塊布，它的歷史、它的纖維、它的吸水性、它的顆粒感、它的柔軟度、它的清理、它的消毒、它的除鹼，這些都是問題，每一個環節都需要我們去論證。當然，這個論證不一定需要坐下來，開一個「尿布與小便」的研討會，這個論證也許只需要幾秒鐘，但是，這個幾秒鐘裡包含了常識、經驗、趣味、成本、實用性、前瞻性，還有愛。

張　莉：真是有趣，我恰好相反，寫評論之前寫了幾年小說。我熱愛文學，讀研究生越久，就越喜歡做研究寫評論。關於什麼是好的文學批評，有人說要寫得感性，有人說要寫得性情，固然不錯，但若是成為一位優秀的批評家，我以為識見最重要。有識見，批評家的看法才會敏銳、鋒利、有啟發性。當然，「識見」不是年輕有才情就可以辦到的，它得有理論素養支撐、得有閱讀經驗和創作經驗，還要有生活經驗和社會經驗。你看，成熟的七〇後小說家都大批湧現了，成熟的七〇後批評家卻零星可數，因為大家都剛博士畢業沒幾年，還在儲備階段。成熟批評家的成長要比成熟作家的成長困難得多。

畢飛宇：毫無疑問，一個批評家的成長要比一位作家的成長困難得多，作為一個「好吃的人」，我的體會是很深的。當我「言不及義」的時候，當我「可意會而不可言傳」的時候，我非常渴望我的表達能獲得理性上的空間感和邏輯上的勢能，很不幸，我做不到。這就是為什麼我一直喜愛和批評家對話的原因，這樣的對話能滿足我的「好吃」。

張　莉：當年，金聖歎評點《水滸傳》：「李逵是上上人物，寫得真是一片天真爛漫到底。」寥寥數語，讀者、同好便心領神會。點評者「隨文生發」，點評與小說共為一體，相得益彰，無須論證，這是中國傳統式的批評、印象式的文人批評。現代意義上的批評家們，工作環境發生了重大變化，他必須面對的問題是，你可以寫印象、寫感受，但文章要自成一體，獨立存在，要有學理、有論證、有邏輯，不僅要告訴讀者作品寫得好或寫得不好，還要說明何以好，何以不好。——如果你寫得不通，讀者隨時可以反駁爭辯質疑。這是一位現代批評家必須要面對的，他的生存環境更複雜。

畢飛宇：說起金聖歎，我要說那是一個文學天才，他的理解力是無與倫比的。七十回的「金評本」我翻了不知道多少年，每當有人向我「請教」的時候，我一定會推薦金評本七十回。那是小說文本與評論相結合的一個範本。金聖歎給我最大的啟示是，一個小說家要認真地對待自己的每一個字，要不然，你的文本經不起那樣的閱讀，你扛不住。因為金聖歎的介入，潘金蓮、武松、武大郎和西門慶的四方關係簡直是驚心動魄。你能說的只有兩句話：施耐庵太有才了，金聖歎太有才了。他們的手裡各自拿了一把手電筒，徹底照亮了對方。

張　莉：是啊，他們不僅照亮彼此，也照亮了我們後人對中國小說傳統的理解路徑。說句題外話，金聖歎恐怕是文學史上最有權力的批評家了，他敢給予《水滸傳》七十回的長度，後代批評家哪一個可以？

畢飛宇：但是，如果從今天的要求來看，金聖歎是不是一個合格的批評家，我不敢胡說。就小說而言，今天的文學批評首先面對的是中、西方的小說史，嚴格地說，由於歷史的原因，金聖歎是沒有「小說史」概念的，「大小說」的概念在金聖歎的時期還沒有形成——沒有史學做參照，沒有理論做支撐。金聖歎如果活在今天，他是不是一個好的批評家呢？我不知道。

張　莉：在我心裡，他是最優秀的、開風氣之先的「小說評點家」，那種直覺和敏銳，非常人可比。我最近在想，當代批評家是否需要重新認識自己的生存環境。在今天，我們的批評不能只寫給同好，或圈子裡的朋友看，它需要有更多的面向。現在我們通常把文學批評分為學院式批評和媒體批評，媒體批評是學院中人不屑做的，可是，哪有那麼大的涇渭分明，誰給畫的界限？我理想中的現場批評家是多棲的、開放的，我希望自己可以向社會發聲，這是我一直堅持給一些書評周刊寫評論的動力。——遇到好的作家，要不遺餘力地推薦，看到問題，也要直率表達自己的不滿。

批評家和作家的對立，是一種優雅的敵對關係

畢飛宇：撇開私誼，從本質上說，作家和批評家終究是對立的，這是文學自身的需要。在我看來，批評家和作家的對立，是一種優雅的敵對關係。我和許多批評家都有過深入的討論，爭執從來都不可避免，但我很享受這樣的交流。

張　莉：批評家和作家從來都是一對「冤家」。批評家和作家進入文本的方式有很大差異，即使立場相近，但表達和理解角度也會不同，因為差異，他們可能互相欣賞，也可能互相不買賬。剛才你說批評家的看法對於作家有啟發，同樣，批評家讀小說時，也會有觸動。比如，一些作家處理語言的方式或看待生活的觀點對我很重要、會促使我思考，我就特別關注，有話要

說；但另一些作家作品也是好的，我也知道他是好作家，但感觸沒那麼深，表達的欲望就沒那麼強烈。——批評家大都有自己的閱讀趣味，當然，他們的趣味也會慢慢發生變化，批評家也在不斷修正自己的審美標準，但正是這樣才有趣，有意思，對吧？

畢飛宇：所以，文學在沒有上帝和上帝死了之後最有生命力，因為文學允許我們向著理性和感性兩個維度放縱，由此，文學才可以上升到「人學」的高度。

張　莉：我習慣站在人的立場上想問題。對我來說，理解文學、歷史、現實的複雜性就是理解人的複雜性、人心的複雜性、人性的複雜性。回過頭說文學批評，剛才我說我反對「理論腔」，但我堅持認為理論修養對批評家來講至為重要。之所以會有「理論腔」這回事兒，還是理論沒學透，生吞活剝，所以令人生厭，這是持「理論腔」者的問題，跟理論本身沒關係。我最近常常反省自己理論修養方面的欠缺，提醒自己需要不斷學習。對於一位批評家而言，感性和理性兼得應該是最理想的境界。——如果感性裡沒有相當程度的概括性和理論上的陳述，就很難獲得大的批評力量；而理性判斷，若不是建立在某種直接的或派生的感性基礎之上，是不能被系統表達出來的（韋勒克、華倫語，大意）。批評實踐越久，我越對這樣的說法深以為然。

畢飛宇：我非常同意你對理性的認可，形而下一點，我自然同意你對理論和理論素養的推崇，這一點無需贅言。

但是，有一點我們也不能回避：大部分中國小說家對批評界的「理論腔」很不滿，尤其是「學院派」的「理論腔」。其實，如果我們分析一下，我們很快就能發現，這一切和「學院」、「理論」沒有半點關係，原因大致有這樣幾個方面：一、中國作家的理論素養偏低，少有邏輯訓練，在「好話」之外，並不適應「論證」，也許我有些推己及人，反正我自己就是這樣的，理論素養很不足；二、我們的理論大部分都不是原產於中國社會和中國文學，面對中國文學的時候，需要拐太多的彎，否則就搭不上；三、因為特殊的文學體制，在梳理中國文學的時候，我們的理論在方法論上帶上了「江湖道義」和「地區利益」，這一點對我們的文學批評與理論傷害特別大；四、太多的文學會議稀釋了批評家的才華。我總結得也不一定對，我有把握的只有一點，理論在中國不受待見。然而，作為一個在場的實踐者，我要說，我們對理論的不屑可以終止了。中國文學需要理論，尤其需要學院的理論。

微博是初具雛形的民間社會

張　莉：最近都在談論微博寫作，你怎麼看？

畢飛宇：微博的出現是鼓舞人心的。從上世紀的八〇年代起，我們一直都在談論人的主體性。主體性是什麼，我也說不好，但是，表達、訴求、參與甚至表演一定是主體性的重要內容。在中國的幾千年歷史上，我們的主體性一直是被打壓的，我們的文化其實就是壓抑主體性的文化，從這個意義上說，無論微博會帶出多少問題，它都有它的價值，它是真正意義上的公共寫作。

張　莉：我把這個叫做全民寫作，當然，你說的公共寫作也有道理。我是與網絡一起成長的，先是上BBS，後來看博客，再後來是微博。微博的很多內容是即時的，隨性的，它的意義不在於文學，在於每個人都有權發聲，都可以「我手寫我心」，我們社會的開放和文明得益於此。

畢飛宇：「我手寫我心」，我讀書的時候就熟悉這句話了，但是，那個時候我是從語言表達的技術層面上去理解這句話的。現在不一樣了，「我手寫我心」不是技術，而是一個廣闊和莊嚴的社會實踐。前些日子看奧運會，除了比賽，我一直關注中國運動員的採訪，我在二〇〇〇年雪梨奧運會的時候專門寫過一篇文章，談的就是中國運動員說話。一個只會背誦領隊講話的運動員、一個學舌的運動員，無論拿多少獎牌都沒有意義。你注意到沒有，我們的運動員有一個特點，說「我」的時候特別小心，大部分用「自己」去代替。我盼望著下一屆奧運會的時候「我」不再是中國運動員的一個障礙。

我一直在為公共寫作唱贊歌，這是從大的地方來說的，是從寫作的意識形態來說的。其實我非常清楚，公共寫作對文學的寫作有衝擊，最大的衝擊是公眾強化了寫作的娛樂性。我一直告誡自己，在娛樂年代，文學絕對不可以自我娛樂，文學得有文學的衣著、談吐和做派。最起碼，我心目中的文學是願意承擔啟蒙意義的，失去了啟蒙意義，文學只是一個三流的娛樂產品，它的價值將遠遠低於搖滾、選秀和電視劇。

在未來，文學和作家很可能會成為不合時宜的東西，這似乎是悲觀的。其實不是這樣。大家都知道，文學在本質上是弱者，在這個前提下，我願意補充一句：弱者有弱者的特徵，在它處境艱難的時候，它會迸發出驚人的能量，它什麼事都幹得出來。

張　莉：我非常贊同「不合時宜」的說法，這也是我對文學的理解。想起別林斯基的一段話，他說文學對我們的意義比我們想像的大得多，它包含著「我們的全部心智生活」，「我們生活的全部詩情」，說得多好！一個時代真正的心智生活肯定不在熱火朝天的娛樂文化裡。我是樂觀者，總覺得中國文學的地位沒那麼糟。你看，每次的文學事件都會引起微博熱議，很多人都是潛在的「文學青年」。

畢飛宇：但不能失去冷靜，你得出了許多人都是「文學青年」這個結論，這個是有原因的。微博最能體現「人以群分」這個社交原則，這和你的「關注」有關，你「關注」的一定是你的同類，是吧？

我對微博的關注倒不是微博上面有幾個「文學青年」，相反，是微博上有眾多的「二B青年」、「二B中年」和「二B老年」。我非常喜歡「二B世界」，為什麼呢？我們眾多的

「二B」終於擁有了自己的訴求渠道，由此，我願意誇張一點，我覺得中國的民間社會有了自己的雛形，起碼，我們的民間社會有了「字面上的可能」。

張　莉：不是，我大多「關注」我圈子以外的人，有趣的人們。我有習慣，會不定期搜索《收穫》、《人民文學》或者《小說月報》，我想知道有多少人看這些雜誌，也會搜大家對熱點文學事件的討論，純粹出於職業好奇。我發現，關心文學的人沒那麼多，也沒那麼少。當然，我說的「文學青年」中有一批是外國文學愛好者。你說微博具有了「民間社會」的雛形，我很同意，雖然我不喜歡寫微博，但我閱讀、觀看也轉發，算得上是其中一員。微博使我獲得對社會的多面認識，我喜歡微博世界的「雜語交錯」、「眾聲喧譁」。

畢飛宇：我們以前有過一次對話，在那次對話裡，我說中國幾乎沒有民間社會，或者說，民間社會很不發達。我為什麼這麼說？道理很簡單，從來就沒有默不作聲的民間社會。「沉默的大多數」和民間社會從來都不是一碼事。

微博讓我變得樂觀，雖然我本人未必是微博控。首先我要說，微博其實是金沙俱下，藏汙納垢的，讓我樂觀起來的正是這一點。民間社會的特點也正是這樣——「金沙俱下」、「藏汙納垢」。這不是我總結出來的，陳思和教授在上世紀九〇年代就這樣總結了。

你一定了解法國大革命，法國大革命最著名的刑具不是「斷頭臺」，而是「純潔性」。你知道的，羅伯斯比爾是「純潔性」的偏執狂。作為資產階級的革命家，封建勢力自然是「不純潔」的，殺；資產階級也「不純潔」，殺；資產階級政黨的內部還「不純潔」，再殺。最後他自己也被殺了。這樣的例子絕對不是個案。

民間社會通常都是在「不純潔」的「灰色社會」成長並壯大起來的，弔詭就在這裡，文明並不純潔。我想說的是，微博正是這樣的土壤：金沙俱下、藏汙納垢。我喜歡微博裡金子的閃亮，我願意接受它的「髒」。

二〇一二年八月二十七日

二〇一二年九月三日《文藝報》第二版

後記

張莉

在我的理解裡，寫作、閱讀、批評都是我們感應時代和社會、確認自我的途徑，也是我們在陌生人中尋找同道、使自己不再孤單的方式——透過那些優秀寫作者的語言和文字，我們享受在茫茫人世中的不期而遇，延展對生命的理解力和感受力，擴大自身認識世界的邊際。

和畢飛宇先生相識是二〇〇七年十月，那年我剛從北師大博士畢業，正在南開大學做博士後。我和我的好朋友，彼時正在北京大學做博士後的韓國學者任佑卿女士相約去太原，參加女性文學年會。畢飛宇則是那次會議的特邀嘉賓。會議間隙，我們三人坐在了一起聊天，都是純粹的文學話題，關於魯迅、張愛玲、小說閱讀及中外文學翻譯等等。第二年，當我從現代文學研究轉向當代文學批評時，我們的交流話題便也開始涉及當代文本。

近四、五年來，畢飛宇先生和我有過三次對談：〈理解力比想像力更重要〉、〈牙齒是檢驗真理的第二標準〉、〈作家和批評家可以互相照亮對方〉，均為期刊報紙所邀，在業內也都有反響，尤其是〈牙齒是檢驗真理的第二標準〉一篇，作為附錄收入《推拿》（人民文學出版社，二〇一一年版）、被《PATHLIGHT》（《人民文學》英文版）夏季版轉載，在網絡上也流傳頗廣。此為進行這次長篇談話的前提和基礎。

二〇一三年十月，應人民文學出版社之邀，我們用兩天時間在南京龍江「月光曲和」咖啡館裡完成了長篇對話的大部分內容，之後又各自進行補充修正，使之成為今天的對談錄。對談錄希望以一種家常、樸素、鮮活的方式回顧畢飛宇的成長環境、工作經歷、創作體會，分享我們對經典文學作品的理解和認識。當然，隨著對談的進行，我對畢飛宇的了解也越來越深入：眼前這位小說家絕非「憑空而來」，他有經年累月的閱讀和思考、他有不為人知的艱苦的自我訓練，他有他的儲備、他的沉積、他的學養。某種意義上，這部對談錄裡潛藏有鄉下少年畢飛宇何以成為當代優秀小說家的諸多祕密。

與畢飛宇有過對談的朋友都有體會，他是具有人格魅力的談話對象——他的講述總是那麼生動、形象、深刻、風趣，舉重若輕，令聽者如沐春風，過耳難忘。坦率地說，這些年來，與畢飛宇的交流經驗對我彌足寶貴，那既是知性意義上的長見識、受啟發，也是純粹意義上的愉悅享受。

誠摯感謝畢飛宇先生一路以來給予的信任和支持；作為同行，我要向他時時處處閃現的語言天才和卓越的敘述本領表示敬意。

感謝人民文學出版社的趙萍女士，沒有她的策劃、督促、組織，就沒有這本書的問世。

二〇一四年三月十二日於天津

畢飛宇作品集 3

小說生活——畢飛宇、張莉對話錄

作者	畢飛宇　張莉
責任編輯	蔡佩錦
創辦人	蔡文甫
發行人	蔡澤玉
出版發行	九歌出版社有限公司 臺北市105八德路3段12巷57弄40號 電話／02-25776564・傳真／02-25789205 郵政劃撥／0112295-1
九歌文學網	www.chiuko.com.tw
印刷	晨捷印製股份有限公司
法律顧問	龍躍天律師・蕭雄淋律師・董安丹律師
初版	2015（民國104）年 11月
定價	360元

書號	0111403
ISBN	978-986-450-020-8

（缺頁、破損或裝訂錯誤，請寄回本公司更換）

國家圖書館出版品預行編目資料

小說生活 / 畢飛宇、張莉著. -- 初版.--
臺北市：九歌, 民104.11
352面 ；14.8×21公分. --（畢飛宇作品集；3）

ISBN 978-986-450-020-8（平裝）

1.畢飛宇 2.傳記 3.文學評論

782.887　　104019009